我們必須去

駕駛艙視角的飛行故事

THE CHOSEN AND THE FEW:
Epic Stories of Heroism and Sacrifice Told by the Republic of China's Air Force Pilots.

王立楨 著

目次

Contents

空軍司令序

百年傳承，世紀榮光，中華民國空軍

去年（民國一零九年）是空軍建軍百年。在籌備百年特展的過程中，薪傳的責任在心臆激盪澎湃，我一直在思索，如何把空軍過往的輝煌成就重現在國人面前？又該如何埋下夢想的種子，帶領空軍站穩腳步，朝著下一個世紀邁進？

翻開歷史扉頁，我深深感動，感動於高志航慷慨振臂的呼聲，「身為空軍，怎可讓敵人的飛機飛在頭上？」感動於閻海文舉起手中的槍，朝著自己的腦門，扣下板機，決絕的吼出，「中國無被俘空軍！」感動於硝煙彌漫的時代，我空軍先烈英雄們，前仆後繼，勇敢地迎向戰爭，加入「一寸山河一寸血，十萬青年十萬軍」的救國行列，拿自己的生命去換土地，用自己的青春去換國家的未來。

是呀！人物是歷史的主角，歷史不正是人物的紀錄嗎？

正當「空軍百年建軍史特展」拍板定案，以時期為經，以人物為緯，跨部門長時間的研討合作籌劃，即將於歷史文物館與空軍官校軍史館開展之際，我收到了王立楨先生《飛行員的故事》第五集的書序邀請。這本書也是以人物為主角，講述十三位飛行員以及圍繞著他們而生的飛行故事。

他們當中有我敬重的教官，有照顧我的學長，有曾經並肩作戰的隊友同袍，也有我賞識栽培的學官後進，在各自驚險的飛訓作戰任務中，有人死裡逃生，活了下來，又再飛上天去，繼續奉令出勤；也有人不幸殉職，留下了至親至愛擦不完的淚水。他們是饒遠平、邱垂宇、陸瑞龍、陳典聰、薛興亞、戚棣華、應嘉生、吳仲渤、高鼎程、何緒強、周杰、張蜀樵，張惠榮。他們是中華民國空軍軍人。

拜讀完王立楨先生筆下飛行員的故事，沸騰的理想抱負在我胸膛翻滾，人只有一生一死，怎可虛混度日？當然要把握分分秒秒，活得光榮，活得驕傲，活得有價值！

我是飛戰鬥機出身的，我當然知道飛行危險；但是，有些事情總得有人去做，即便再困難、再危險。就像碧潭公墓裡，安葬著的一千六百多位空軍英靈，他們都知道飛行危險，但他們將操縱桿牢牢地握在手中，直到生命終結那天；就像書中的主角，他們也都知道飛行危險，甚至幾度與死神交手，但他們仍然堅持著要飛上天去。為什麼？甚至還鼓勵他們的兒輩、孫輩，走上同樣一條危險重重的人生道路，為什麼？因為國家只有一個，因為國家的安全、人民的幸福，不能假手他人，只能依靠自己的力量去捍衛。所以，我們義無反顧，我們挺身而出。這就是我中華民國空軍，從民國九年創建之初，傳承一整個世紀，以生命與實際行動，踐履到民國一百零九年的愛國情懷與忠勇軍風。

在此，我要感謝王立楨先生用心為我中華民國空軍記錄留史，出書肯定我中華民國空軍對國家安全與自由和平的貢獻。欣逢建軍百年的榮耀時刻，其意義更顯非凡，特以為序。

未來，我們仍將在崗位上堅守奮鬥，讓國人抬起頭，望向天空，就可以看到最堅強的戰力，最值得信賴的飛鷹戰士「中華民國空軍」。

中華民國空軍司令　熊厚基

推薦序

家人們，父母們，英雄們

是什麼樣的胸懷，可以讓一位軍官割捨父母妻小的羈絆，在電光火石間為了大愛把滿腔熱血灑進碧空？又是怎樣的執念，可以讓一位百姓從荒漫頹傾的文林史海中，涓滴篩拼出這些英雄先烈們的一生翦影？

民國一百零六年雙十國慶當天，我在碧潭空軍公墓初次見到王立楨這位傳奇人物。在此之前已多次拜讀他的作品，又於新聞報導上看到他自發性地出資購旗，號召群眾在雙十前夕到碧潭空軍公墓佈置，讓每個忠魂長眠之地都能有青天白日相伴。儘管對他的行止神往已久，然而初次相遇仍讓我感動不已。

那天的碧潭美極了，藍天綠地旗海飄揚，讓我想起駐美時期，每年國殤日在華府阿靈頓公墓追悼飛虎隊殉國儀式的畫面。我向自己天上的同學與同僚們一一敬謁後低頭走回涼亭，想平復方才翻攪悲慟的情緒。快抵達時抬頭一望，一位學者般的身影倏地映入眼簾。他戴著眼鏡，兀自站在圍坐一圈的群眾中間，搭配著手中 iPad 的畫面，娓娓講述一段段發生在風雨飄搖時代中驚心動魄，卻又鮮為人知的英雄事蹟。現場有年輕學子專心紀錄，也有老少二代用心傾聽。這位從沒有任何官銜、未曾於空軍服役的「航史博士」，願意窮盡心力為空軍存史，為英烈立傳。我看著眼前這位戴著微厚鏡片的矍鑠長者，聽他講述黑蝙蝠的慘烈行動，不禁又讓滿溢的情緒模糊了眼眶。

在王老師努力的蒐羅考證與嚴謹記實下，這些發生在不同時代背景與各式驚險場景的血淚史實，幻化成一篇篇可讀性極高，且深具啟發性的軍史故事。

故事的主角陸續在我出生前、成長中、青壯時、退伍後登場。這些我聽聞、景仰、甚至共事過的前輩、同僚或後進們，不論其駕駛機型或執行任務種類，書中所載皆是他們用一份盡其在我、捨我其誰的積極態度所譜出的生命篇章：不論是丁鶴雲士官長的英勇表現，將已觸發的信號彈即時拋出機外拯救了全機官兵；亦或是戚棣華中尉的沉著應對，將攜帶巨型燒夷彈的故障機平安飛返，從而避免對賭城居民可能的災難危害……這些故事中我們可以讀到他們的義無反顧。在兩岸劍拔弩張、漢賊無貳的時代下，邱文道中尉與吳仲渤少尉的請纓赴義，以及陳典聰、張蜀樵少校的出生入死，又彷彿讓我們讀到了林覺民的意映卿卿。

即便在兩岸看似風平浪靜的承平時期，肩負國防第一線的空軍英雄們，也必須在天候、機械、環境、任務等不斷交互挑戰下，屢屢化險為夷、創造奇蹟。就像遠赴日本與菲律賓救難卻不得不臨機應變的邱垂宇，還有像應嘉生少校短時間內連續遭遇兩次么洞四發動機故障迫降，以及薛興亞上尉那架么么九迫降北港溪沙洲之後又從北港溪沙洲起飛的傳奇故事……

書中時序推進到廿一世紀，令人眼眶潮泛的故事仍不停跨海上演。作者以非常仔細的紀錄片文筆，除了敘述我軍及美軍協助高鼎程少校家屬處理後事的過程，也穿插描繪高少校如何奮發向上、脫胎換骨擠進赴美的飛行窄門，以及事發前後遺孀及父母如何看他蛻變成長到羽化升天、哀慟逾恆的心路歷程。

在以往的故事中，我們讀到的都是英雄先烈們如何慷慨赴義或死裡逃生，卻從未體會到空軍眷屬在他們的兒子、父親、手足、丈夫碧血長空或歷劫重生後的心理感受。其實不論戰、演、訓任務，只要飛行員升空，為國捐軀的飛行事故就不會有停歇的一天，空勤眷屬們也都必須默默承受這種潛在壓力。謝謝王老師以完整篇幅引導讀者將目光仰視到這個部分，讓我們與高鼎程少校遺眷同悲之時，也能感念到空勤眷屬的付出與奉獻。

能結識王老師並拜讀他書中活靈鮮躍的飛行故事，讓我為這些英雄先烈的事蹟僭位獻曝撰序，實感榮寵。相信大家在這些躍然紙上的故事中不僅能讀到驚心動魄，還能讀出王老師對英雄眷屬們的崇高敬意，以及我認為最重要的，後世敬軍崇史的愷切呼籲。

李文玉　空軍官校76年班，英國愛丁堡大學MBA1994年班，美空軍戰院2009年班。曾任試飛官、空軍駐美副武官及駐日武官、軍情處國際情報組長等職務，現為民航機師。

推薦序
太陽輻射量極高的空中有一群穿著飛行裝的年輕人

民國一百零三年十月二十日夜晚，我帶著王立楨先生與他的好友劉屏先生，拜訪住在美國亞歷桑那州錢德勒市的華僑馮國博先生，隨行的還有我官校學弟鄭存宏中校。馮國博的英文名字叫 Woody，與他熟識的人都叫他 Woody 大哥，雖然他的年紀對某些年輕學弟來說可以當爸爸了，但大家仍習慣叫他大哥。Woody 大哥的父親是官校十四期在對日抗戰時期派到路克基地受訓的飛行員，而王立楨對空軍歷史非常感興趣，我想讓王立楨與 Woody 大哥認識認識，所以安排了這次會面。原本也邀了已故官校二十六期徐德之將軍的夫人彭村霞女士及女兒徐凱萊女士，但她們因有其他事而無法前來。

當晚我們五個人正聊得起勁，忽然我的手機發出訊息傳來的鈴聲。一查看訊息竟然是出了大事，當時台灣時間是十月二十一日上午十一點多，雷虎特技小組飛行員莊倍源中校駕駛 AT-3 在特技演練時失事。我們幾個人不約而同「哇」了一聲之後轉為寂靜無聲，接著大家都露出不可思議的表情，原本愉快的氣氛瞬間凝結，取而代之的是沉重不安的氛圍。

十月二十一日的故事

美國當地沒有台灣電視台，從手機上的文字訊息也只能知道個大概。在沒有更進一步消息之前，我們都盼望莊倍源能夠有驚無險，平安無事。另外，由於我們是屬於二十一中隊的緣故，21 這個數字對我們來說非常敏感，在這一天發生不幸之事，如此的巧合顯得詭譎莫名，一股涼意上心頭。

接下來王立楨的談話讓我全身起了雞皮疙瘩。由於當天是台灣的十月二十一日，王立楨開始細數中華民國空軍曾經在十月二十一日發生過的事件，某人在哪一年的這一天駕什麼飛機發生什麼事件；誰又在哪一年的十月二十一日如何如何……連續說了好幾個故事。王立楨說故事的功力又好，大家拉長了耳朵聽得出神，後來因為時間太晚必須離開，否則讓他連說三天三夜也說不完。

何以說這番談話讓我全身起雞皮疙瘩？我小時候為了準備歷史考試，背了許多歷史上的大事，雖然說是默背，但還是得透過有系統的比較、歸類，脈絡式的整理成自己的筆記，融會貫通後才容易記得住。而儘管準備的再充份，仍會有部份遺忘，如考完試後不用它，沒多久就全忘了。而當王立楨細數不同年代的十月二十一日發生的事情時，不用翻筆記，不用上網查尋，似乎他的大腦就是一部大容量硬碟，儲存著整部空軍歷史，在他需要的時候，一瞬間就可以在腦海裡搜尋出標示著十月二十一日的每一筆資料，然後自然而然流暢地表達出來。這代表他對空軍歷史的鑽研投入已進入出神入化、爐火純青的境界，因此能夠博古通今，舉一反十，非常人所能及。

他在說第一個十月二十一日的故事時，我想或許是正好在幾天前他有讀過，還有印象；第二個故事就讓我覺得這老頭兒還挺厲害的，記得住東西；再講第三個、第四個……我已經是全身雞皮疙瘩，驚訝與佩服中帶著一股敬畏之意。經過這一晚，我由衷的欽佩王立楨對空軍歷史的博學。後來我向學弟們提起王立楨時，一定會加上一句話：「他是我們空軍歷史的活字典。」

飛近五十一區，在大峽谷穿山溝

我在空軍只是個無名小卒，既非高階將領，也不是什麼突出的重點人物，空軍像我如此一般的中階軍官多如牛毛，因此能夠為王立楨的大作撰寫序文，是我這輩子壓根兒也不會想到的事，對我來說是天大的榮幸。幾經思考，「飛行員的故事」是以飛行員為主角，我也是個飛行員，正好從這個角度來為王立楨作序。尤其是在十五年多的F-16飛行生涯中，有近三分之一的時間是在美國路克基地飛行，在這段期間裡，有許許多多的飛行任務與經歷，是在台灣先天環境受限制而無法執行的，這也是平庸的我唯一感到些許自豪之處。當然，這一切都得萬分感謝空軍願意給我這個機會到美國受訓。

為了演練更接近真實的戰場情況，我曾經在美國多次擔任空中總領隊，主導規劃多達近四十架各式軍機的空中大兵力混編執行共同作戰，其中包含了美軍部隊。也曾飛到神祕的五十一區附近空域與美軍部隊對抗，提示時還得特別提醒：萬一需要跳傘時，必須先將飛機轉向某個方位，否則飛錯方位掉入禁區內，可能比沒跳傘更危險——據說是有許多新武器就在空域附近的禁航區內測試，那裡有許多未爆彈，就像是地雷區，沒人敢接近，所以跳傘降落在那裡也不會有搜救部隊去救你。

我也曾到過電影 TOP GUN《捍衛戰士》裡的美國海軍武器學校，與他們的戰精中隊教官纏鬥。為了模擬實戰，飛行前不會告知今天對手是誰、與什麼機型對抗，只收到一個信封袋（模擬作戰軍令下達），信中告訴你今天攜掛何種武器、幾點幾分準時在哪一個空域的指定位置，用哪一個頻率報到，而同空域內報到的另一架飛機就是你的敵人。

讀完信後自己抓時間打電話給塔台（就是湯姆・克魯斯在 TOP GUN 電影裡高速衝過的塔台），告知我要在什麼時間開車起飛。起飛後在指定的時間位置報到後，敵我雙方從遠距離接近，直到一百八十度對頭通過才知道敵機是什麼機型，接著兩方都試圖發揮畢生所學，運用各自信封裡告知的武器幹掉對方，纏鬥到油量用罄才結束。衝場落地時瞄一眼塔台，想起 TOP GUN 裡的情節，嘴角微微上揚。落地後在隊上酒吧裡舉辦酒會，同時與今天的對手「相認」，此時此刻才見到對手的真面目。互相握手致意後，在輕鬆的氣氛下聊聊戰況與戰術上的優缺點。

還有幾次，我領著老美到大峽谷穿山溝。那段山溝的寬度只有三千到四千呎左右，飛機飛在山溝中間，距離兩側山壁只剩約不到兩千呎。土黃色的山壁垂直聳立，下方山谷有河流，在烈日下呈現寶石般的深綠色。我們以每小時四百五十到五百浬速度、五百英呎高度在山溝裡鑽來鑽去。因為彎彎曲曲所以視線無法放遠，也不知道下一個是左彎還是右彎，是小弧度轉彎還是髮夾彎，只能入彎之後隨機應變。

有時突然一個大急轉，帶G不足時機腹接近山壁五百呎RA警告響，帶G過頭則看著頭頂上方山壁突然快速接近……右手駕駛桿不停的翻左翻右，同時還得依著轉彎曲度調整G力。實在來不及反應判斷時，只能向上急帶，暫時飛到山溝上。飛出山溝後景觀完全不同，正下方一道深綠彎曲裂縫向前方無盡的延伸，將左右兩旁一望無際的黃色巨岩切開，巨岩頂端就像刀削豆腐一般平整，大自然的鬼斧神工令人嘆為觀止。

但回歸到訓練角度，看到這般景像也代表著被敵人發現了，只好喘口氣後找一個較緩的彎道重新飛進山溝裡。在這峽谷裡飛行，全程沒有平飛的機會，只有連續的左轉右轉、帶桿鬆桿，不斷的抗G動作中試圖找個較緩的彎道喘口氣，飛一趟下來保證是全身溼透，一刻不得喘息。有時一進彎瞥見峽谷中河道上的白色遊艇，左右無法閃躲只能從它正上方呼嘯而過，因為高度低，所以顯得遊艇特別巨大，似乎就要削掉它的桅桿或天線。雖然眼睛得注視著前方無法正眼瞧它，但僅僅是餘光中的一瞥，緊繃的神經就像注入一股興奮劑，不自覺的在座艙裡吆喝吶喊。不知遊艇上的人是否也因突來的震撼大聲喝采？

你安睡的時候，在看不見的高空

除了這些特別的經驗，還有日常訓練課目如空對空、空對地，以及兩者相結合的進階課目等等，最終的目的都是要殲滅敵人並且要能夠人機均安，活著飛回來。這些飛行經驗固然有著極度的刺激感與樂趣，但伴隨而來的是強大的壓力與風險。飛行員每一批飛行訓練都是汗流浹背，一次一次的從失敗中學習與精進，不斷的練習再練習，直到最後蛻變成為驍勇善戰的鬥士，為的是在不可知的未來，在國家有難的那一天，把多年來習得的十八般武藝，毫無保留的全套施展，即使犧牲生命也在所不惜。如果那一天沒有來臨，也是因為我們所擁有的堅強戰力，讓敵人不敢輕舉妄動。

可悲的是，有許多無知的百姓隨著無良政客起舞，他們污辱軍人是米蟲，大砍軍人福利保障，打擊部隊士氣。他們可能不知道，當他們正詆毀軍人的同時，就在看不見的頭頂上，太陽輻射量高的數萬呎高空中，有一群穿著飛行裝的年輕人，正揮汗如雨的執行任務：或許帶著大Ｇ正在纏鬥中，或許正在攔截敵機，或許正在執行運補及人員物資調度，亦或許正接送著長官到偏遠陣地，慰勞鼓勵弟兄們的付出。這些政客們或許不知道或故意無視，當他們夜間熄燈安穩熟睡時，這群穿著飛行服的年輕人，仍然飛在看不見的頭頂上，掛著實彈執行巡邏任務，或是正牽制著敵機，不讓敵機跨越雷池半步。

飛行員冒著風險，從北到南，由東至西，不分日夜靜悄悄地飛在我們頭頂，在這片美麗的寶島上空，編織成一層層無形的防護罩，保護政府能夠全力施政拼經濟而無後顧之憂，保護百姓自由自在無拘無束地過生活。這些政客與百姓們能夠隨心所欲的運用言論自由來詆毀軍人，正是因為有軍人的存在而沒有戰爭，讓他們能夠在任何想要的地方，說任何想要說的話。

而被這層的防護網罩所獲得的寶貴自由，豈能用物質金錢衡量？政客們又豈能對軍人無價的奉獻與犧牲，在辦公室冷氣房裡計算出一個低廉的冰冷數字，藉以大砍俸祿、踐踏尊嚴，作為政治鬥爭的報復手段？

飛行員日常訓練的堅苦與危險，一般人是無法也無從去瞭解與體會。許多無名英雄，他們的事蹟只有在熟識的同儕或家人閒聊時，才會以口頭方式講述。我認識不少優秀的空軍同事，有些現役有些已退役，雖然沒有經歷過那段動盪紛亂的年代，但他們在空軍也有著精彩的故事。而這些僅止於茶餘飯後閒聊的口頭敘述，隨著時間流逝將逐漸沉寂而無人知曉，就如同王立楨在張蜀樵的故事後段所說，事件發生多年之後，當事人及家屬對事件的記憶也已是零散不完整，就連自己空軍的後期晚輩都沒聽過的事，遑論對空軍一無所知的圈外人。

王立楨憑著對空軍的熱忱，將這些以往只有在飛行員之間回憶的故事、慢慢地在歷史的洪流中消失的事蹟，一點一滴的拼湊還原。在本書中，他一如往常的運用親切易懂的文字描繪故事的背景，讓我一開始就有如身歷其境般的融入，不因為時空年代久遠而有隔閡。故事中的名詞、術語、甚至是非制式的習慣用法，和空軍部隊所使用的如出一轍，因此進入故事主軸時，彷彿就像是一位空軍飛行員，對著我在述說空軍的故事。他把每一個危機發生的原因、飛行現象、故障警告與操作處置等描述得鉅細靡遺，即使不是飛行員也能清楚瞭解。而對有飛行經驗的我來說，那些狀況就像是發生在我眼前，迫不及待的繼續往下閱讀的同時，心裡也在盤算著如果是我該怎麼辦？

每閱讀一篇，我的心跳隨著劇情緊張而加速，而讀到捐軀殉職之處則是一陣鼻酸，文章結束後過了半晌才平復。再閱讀下一篇時，New Jet New Day，又開始熱血沸騰、呼吸沉重，直到文章結束，如此反覆不已。

王立楨從來沒有在中華民國空軍服役過一天，但他的文筆在描述空軍的故事時，就是那麼樣的令人動容，其中高鼎程的失事更是讓我萬分難過。

高鼎程是我在路克基地二十一中隊擔任領隊時報到進訓，半年後我離開二十一中隊之前，特別對他的各方面表現給予肯定鼓勵，持續保持下去一定能順利在美國完訓。不料，在我回國八個月後發生憾事，第一時間聽到消息時有如晴天霹靂，不願相信這種事情真的在二十一中隊發生，而當天的日期，卻又正好是一月二十一日，悲憤之下，對於這樣的巧合再度感到莫名恐懼。

本書除了讓廣大讀者看見這些可歌可泣的悲壯故事外，我認為這些故事更能夠啟發後期的年輕飛行員，讓他們看見顛沛流離年代的堅苦。當時的飛機不如現在先進，美援飛機又已是二手甚至三手。在飛機隨時可能故障的情況下，為了保國衛民，這些前輩們個個搶著出任務，人人不怕死。他們義無反顧、捨我其誰的愛國情操，正是空軍「忠勇」軍風的具體展現。

我曾經和學弟們打趣說，如果空軍能請到王立楨先生，在每週四的莒光日說說空軍前輩的忠勇故事，哪怕只是短短的半個小時，絕對比目前的莒光節目效果更好。這些故事將會是絕佳的武德教育教材，同時也讓前輩們的名字一代一代的在空軍流傳下去。

「歷史是需要人來記載的！」這是王立楨在薛興亞迫降北港溪的故事中的最後一段話。的確，偉大的故事要永遠流傳，為國捐軀的英雄不該被遺忘。王立楨所寫的，不僅僅是飛行員的故事而已，他寫的是「歷史」！

張蜀樵的那一篇後段也說：「似乎冥冥中有一股力量，在推動著我將這件事的經過記載下來。」或許，這股力量正是這些偉大的英雄們，不願意被遺忘而找上了王立楨，他們希望藉由王立楨之手，還原這段驚心動魄的歷史；或許，他們是為了讓中華民國國民，在安逸中重新想起戰爭的殘酷與自由的可貴！

林君儒　前路克基地二十一中隊常駐領隊，空軍退役中校，現為民航機師。

作者自序

莫成千秋紙上塵

這本書是「飛行員的故事」系列的第五本書。由第一集到這一本，我已經寫了六十幾位飛行員的故事。

曾有一位會計師朋友問我，飛行員只是眾多行業中的一行，我怎麼會想去寫他們的故事？而且一寫就是三、四本，現在眼看第五本就要出版了，真有那麼多故事可寫？

聽了他的話，我不禁想到二〇一八年《我以我血獻青天》出版後，出版社替我辦了一場與讀者互動的聚會。當天因為書中的主角梁金中教官也參加的關係，來了許多想一睹英雄風采的人。在大家分享個人與空軍關係的時候，一位女士起來分享她將弟弟骨灰由美國帶回國時的心境，原來那位女士就是二〇一六年一月在美國路克基地受訓時失事的高鼎程中校（殉職後追晉）的姊姊。全場參與者在她低沈的語調中，意識到在光鮮亮麗的英雄身影後面，還有著另外一群出師未捷身先死的烈士。

飛行員的行業雖然是眾多行業中的一行，但是那一行在肩負著對國家責任的同時，所承擔的風險，卻不是一般人所能輕易瞭解的。

民國三十八年政府遷台之後，中共政權就不斷的嘗試以各種不同的方法入侵台灣，但都沒有得逞。民國四十三年的九三砲戰及民國四十七年的八二三炮戰，是兩次非常明顯的例子。兩岸之間敵對關係一直到民國七十六年底，政府開放老兵返鄉探親之後才稍見緩和。然而在這近四十年的對峙情況下，有一千多位空軍官兵在他們崗位上，為國犧牲。

除了那一千多位為國犧牲的烈士之外，還有成千上萬的空軍軍人曾經為了捍衛這塊土地而盡過力。這些人的故事多不為人知，僅是口語相傳於他們的同袍之間，而隨著時間的飛逝，如果不將那些故事記錄下來，民眾將永遠不會知道那些人曾為國家做了一些什麼事。

這就是我一直去採訪那些飛行員，將他們的故事記錄下來的主要原因。

這本書涵蓋的時間超過半個世紀，由民國三十九年到民國一百零五年，在這六十六年間空軍為保衛國土，發生了許多可歌可泣的故事，而這本書所蒐集的就是在這大時代中的十多個剪影。

為保衛海南島而陣亡的吳仲渤少尉，與在美國路克空軍基地飛行訓練時殉職的高鼎程少校，是這本書裡十多位飛行員中兩位為國犧牲的烈士。他們兩位殉職的環境完全不同，一位是在戰場上被敵軍擊落，另一位是在飛行訓練時失事，但是他們所代表的意義都是相同的，他們都是在保衛國家的過程中犧牲了生命。

訓練飛行也算是保衛國家嗎？有人會問。

抗戰尚未開始時，國家的後勤支援還不到位，空軍的汽油非常缺乏，於是空軍中對如何運用那些有限的汽油，產生了兩派意見。其中一派認為既然汽油不夠，就要將訓練時間減少，這樣在敵機來襲時，我方的飛機才能有足夠的汽油可以升空作戰；另一派則認為，如果不進行訓練，那麼在敵機來襲時，我方飛行員將因為訓練不足，很容易就被敵機擊落，因此，平時的訓練絕對是戰時獲勝的重要要件。

後來，空軍中的長官決定寧可將有限汽油中的九成用在訓練，也不能讓飛行員在準備不足的狀態下升空接敵。這是空軍在抗戰初期創下八一四大捷的原因之一。

美國空軍在越戰期間曾經做過統計，每五位殉職的飛行員中，有四位是在訓練時喪生，只有一人是真正在戰場上為國捐軀。而經由那些訓練有素的飛行員，美國在全球的利益得以確保。

根據美軍的統計資料，就可以瞭解在承平時代飛行失事的高鼎程少校，與在戰場上為國犧牲的吳仲渤少尉，所代表的意義都是相同的！

本書中其它的幾件故事，也都反映了國家在四、五十年前的艱苦歲月。在那段期間，飛行員們經常為了保全飛機，冒著生命的危險，將故障的飛機飛回基地。只因為我們的飛機來之不易！以目前世俗的眼光來看，那些企圖以無價的生命來保護有價飛機的行為，是相當的愚蠢。但是，我們社會就在那些飛行員「愚蠢」的行為下，藉著來之不易的軍援飛機，換得了一個安定的環境。

在為本書蒐集資料的時候，陳典聰教官曾告訴我一件事，雖然與飛行無關，但卻讓我印象非常深刻。有一天他與女朋友在國賓戲院看電影，情報署派出一位軍官到戲院去找他，告訴他立刻返回基地。陳教官在隨著那位軍官離開戲院之前，表示要先回戲院內向女朋友說明情況並道別，沒想到那位軍官卻堅決不准！陳教官只得懷著遺憾的心情與女友不告而別。與女友道別這種乍看之下無傷大雅的事，情報署的軍官竟然不許陳教官去做，而陳教官卻也無任何異議，這實在讓我震驚不已。但我很快的就想到，國父曾說過：「學生、公務員及軍人，是三種沒有自由的人。」為了讓全國的百姓能有個自由的生活環境，身為空軍飛行員的陳典聰教官，放棄了他的自由！

再回頭想著我那位會計師朋友所問我的話。我們知道空軍飛行員的職業並不是像會計師一樣有著朝九晚五的正常時間，他們捨棄了本身的自由，每週七天、每天二十四小時輪值，擔當了極度的風險，只是讓我們尋常人能有個自由的環境及「正常」的職業。

「養兵千日，用在一時」，過去五十多年間台海無戰事，因此讓一些人誤以為軍人是可有可無。殊不知平日看來似乎是無所事事的軍人，就是在那「一時」來臨時保衛我們的人！

這一本書就是述說飛行員們為了應付那「一時」的來臨，而在準備過程中所發生的故事。

二〇二〇年四月三日王立楨於加州 COVID-19 檢疫封州期間

第1章

又過了平安的一天

張惠榮上校

民國八十五年三月二十三日，中華民國舉行行憲以來第一次總統直選。代表國民黨參選的是當時現任總統李登輝，民進黨則由彭明敏出面參選，另外還有陳履安及林洋港以無黨籍身份投入選戰。由於競爭激烈，一時全台灣皆陷入緋緊的選戰當中。

雖然這只是台灣的選舉，但是對岸的中共卻因為李登輝先生連續的台獨論述，開始對台灣進行文攻武嚇，希望能嚇阻島內的台獨份子。當年三月八日，中共舉行「聯合九六」導彈射擊演習。當天零時由福建永安飛彈基地對準高雄西南外海發射兩枚東風十五型導彈。一個小時後，又從福建南平飛彈基地對準基隆外海發射另一枚東風十五型導彈，落在基隆外海二十九海里處。幾天之後又宣布在三月十二日至三月二十日間，解放軍的海軍及空軍部隊將於東海與南海間展開實彈軍事演習。繼而又宣布在三月十八日至三月二十五日間，將在距台灣不到七十浬的平潭島進行三軍聯合作戰的軍事演習，演練項目包括登陸、空降及山地作戰等課目。

掛飛彈，盡快起飛

這種挑釁式的軍事舉動，導致中華民國國防部於三月八日宣布取消所有軍人的休假，將國軍戰備狀況提升到「狀況二」。[1]

總統大選前兩天，三月二十一日，上午十點四十分左右，位於花蓮空軍基地的空軍第八大隊大隊長張惠榮上校接到作戰司令部副司令的電話，副司令很直接的問他有沒有四架妥善機可以立刻出動執行作戰任務。副司令這樣問是有原因的，因為當時八大隊的三個中隊裡面，有兩個中隊（十四中隊與十五中隊）配備的是T-38型教練機，是為戰備以外的飛行訓練之用，無法執行作戰任務，僅有十六中隊配備F-5型戰鬥機。當天戰備狀況提升，警戒機的架數由四架增加到八架，這種情況下整個中隊所剩可以執行任務的妥善機應該不多。

張惠榮看著他辦公室裡牆上的飛機狀態表，上面顯示當天飛機的妥善率竟高達九成，這表示地勤修護單位的人員在面對這個隨時可能進入戰爭的狀態時，可是卯足了精力才能有如此高的妥善率。

「報告副司令，有四架妥善機可以立刻出動。」張惠榮在電話中向副司令回報。

「很好，四架飛機掛AIM-9P飛彈，盡快起飛，向Sugar戰管報到後，接受戰管指揮。」

「是的，四架掛AIM-9P，盡快起飛向Sugar報到。」張惠榮簡單的回誦任務的指令。

「很好，盡快出動。」

掛上副司令的電話後，張惠榮立刻用電話通知機務部門，下令務必在最短時間內將四架飛機加油掛彈，準備執行緊急任務。他特別指定要掛上兩百七十五加侖的大型中線油箱，因為花蓮是台灣東岸的戰鬥機基地，而當時對台灣最大的威脅是來自西面，因此他決定掛大油箱以確保有足夠的燃油量來執行任務。

非常狀況，使用非計畫兵力

安排好飛機之後，他開始盤算該找哪些人來執行任務。本來隊上就有人手不足的現象，當時大多數的飛行員都已安排好其它任務，中隊裡只有韋繼綸上尉及李自強少校兩位飛行員可供派遣。於是他決定自己擔任領隊，請那兩位飛行員分別擔任二號機及三號機，另外由大隊中的「第二類」飛行員中，[2]挑了訓練官郭志華上尉擔任四號機來參與這項任務。

在大隊作戰科通知三位飛行員前往作戰室，接受任務提示時，張惠榮趕緊抽空換上飛行衣。在換衣服的時候，他想著雖然副司令並未告知將執行何種任務，但在正常情況下很少使用「非計畫兵力」去執行作戰任務，這代表情況一定相當緊急。他又想起最近的新聞報導及當天早上情報官的提示中，都提到了中共正在平潭島舉行三軍聯合演習，因此他幾乎可以確定這四架飛機將是前去平潭島附近執行任務。

平潭島距離台灣不到七十海浬，如果中共演習的飛機突然轉向對著台灣飛來，我方反應的時間極其有限。因此將一批戰鬥機置放在平潭島與台灣之間，除了阻擋可能前來突擊的敵機外，同時也替台灣本島的空防爭取到了一些寶貴的時間。不過這也代表著萬一中共真有犯台的意圖，他們這四架飛機就是保衛台灣的尖兵！想到這裡，張惠榮心中不自覺的激動起來。

在離開辦公室前往作戰室的時候，張惠榮看到辦公桌上的那張全家福相片，相片上每個人的臉上都洋溢著幸福的笑容，那是生活在幸福環境下的自然表現。如今，在外患威脅下，這種自由與幸福的環境竟然隨時都有被摧毀的風險。

看著相片，他頓時覺得他絕對不能讓這種事情發生，為了自己的家人，也為了千千萬萬的國人。

目視敵機，準備接戰

在作戰室裡，張惠榮對著三位飛行員做任務提示時表示，這次的緊急任務是防止中共軍機對台灣本島任何進犯的企圖，然後強調在沒有接到命令之前，即使目視敵機也絕對不可貿然攻擊。

因為作戰司令部的命令是「盡快起飛」，所以任務提示完畢後，他們四位隨即匆匆前往個裝室，拿起頭盔揹上降落傘後，幾乎是跑著衝向停在外面的小巴。開小巴的士官也知道情況緊急，在他們衝上車之後，立刻火速開往機庫堡。

機庫堡裡的 F-5E 已經準備妥當，四位飛行員下了小巴之後，馬上在機工長的陪同下，開始圍著飛機做起飛前的三百六十度檢查。情況雖然緊急，這卻是一個不可省去的步驟，畢竟飛行安全是確保達成任務最重要的一環。

飛行員登上四架飛機之後，很快的先後啟動，一時發動機的噪音震撼了整個停機坪，張惠榮將目光很快的在儀錶板上掃過一遍，覺得一切都沒有問題，於是他對站在飛機旁的機工長做出 OK 的手勢，然後將油門推上，同時鬆開煞車，飛機開始朝跑道滑行，另外三架飛機緊隨在後。

上午十一點半，接到命令五十分鐘之後，張惠榮率領的四架 F-5E 帶著熊熊後燃器的火焰衝進了藍天，並向 Sugar 戰管報到。戰管先引導他們爬到一萬八千呎空層，然後向左轉定向二百七十度翻越中央山脈，對著平潭島方向飛去，同時告訴他中共戰機在平潭島附近活動，他們的任務是在平潭與台灣之間的海峽上空巡邏待命。

狀況果真就如張惠榮事先所判斷的一樣，因此他心安不少。他回頭看了看飛在右後方不遠的二號機，及飛在稍遠處較高的另外兩架飛機，他知道這一批臨時受命的機群，已經成為捍衛台灣的第一波兵力。

飛越中央山脈，很快就接近新竹，張惠榮看著翼下熟悉的地形，不禁想到多年以前他剛由部訓隊結訓，被派到新竹十一大隊的往事。當時所飛的 F-100 超級軍刀機雖然在藍天中曾有過輝煌的歲月，但在張惠榮接觸到它時，它已顯出老態。多少次飛機在空中發生嚴重的狀況，他都是冒著極大的風險，小心翼翼將飛機飛回基地，替國家保存戰力，完全沒有考慮到自身的安危，只因為當時我們是一個沒有自製戰鬥機能力的國家。

飛機快速通過台灣西海岸，進入台灣海峽。就在那時，「進入最前線！」這個念頭在張惠榮腦海中快速閃過，他突然想起中共空軍飛行員范園焱於民國六十六年七月七日駕米格十九投奔自由之後，中共大批戰鬥機在那幾天頻頻出海，這是之前很少有的行動。

為了確保本島的安全，空軍也將武力偵巡的頻率及兵力增加。當時在十一大隊任飛行官的張惠榮記得在一次任務之前的提示中，潘輔德大隊長一再強調萬一與敵機遭遇，如果沒有接到上級的命令，切忌擅自對敵機開槍攻擊。當時才剛完成戰備的他，心中想著的只是如何在藍天中殺敵致果，所以聽了大隊長的叮嚀，還覺得這位曾是八二三炮戰期間空戰英雄的潘大隊長，[3]怎麼變得那麼小心，而完全沒想到大隊長所考慮的是全盤戰略！如今他自己也當了大隊長，他才能真正體會到那時潘大隊長的心境。

飛機接近海峽中線，張惠榮已經可以在飛機的正前方看到平潭島及福建海岸，就在那時他由耳機中聽到戰管通知五大隊的一批飛機可以脫離，他才知道原來自己這一批是接替五大隊的那一批飛機的任務。

通過海峽中線不久，戰管隨即指示張惠榮這一批飛機轉向三百六十度並爬高到兩萬五千呎，開始飛跑馬航線待命。[4]他轉彎的時候，戰管告訴他有四架殲六在他的十點鐘方向十五哩處向西飛行，他隨即往左前方看去，但是藍天白雲一片，根本看不到任何敵機的蹤跡。雖然肉眼看不到，但他知道敵機就在十五浬之外，如果對方有心要前來攻擊他的話，在相對速度一千浬以上的情況下，一分鐘左右就會遭遇。於是他按下無線電的通話按鈕，對著僚機下令：「Capi Flight（Capi 是張惠榮的呼號），Weapons Hot（打開武器電門）！」雖然沒有得到命令前不得對敵機開火，但是絕對要先做好準備。

張惠榮的這四架飛機分成兩批，保持著重疊攻擊（Double Attack）隊形，[5]在兩萬五千呎的高空巡航著。戰管不斷將附近敵機的動態報給他們，這使他知道最早的那一批殲六已經退場，現在飛在平潭附近上空的是另一批敵機。

往北飛了約十分鐘，張惠榮的耳機中再度傳出戰管的聲音，要他在那裡迴轉向南飛行。轉過來之後，戰管又告訴他敵機在他們三點鐘方位十浬，他轉頭向右方尋找，但還是無法看到任何飛機的蹤影，於是他瞇起眼睛再仔細的看了一遍，這回他看到了幾顆非常微小的黑點，正與他們平行地往南飛去。

「Bogey, 3 o'clock high.（敵機在三點鐘方位高處。）」二號機也看到了那批敵機。

「Capi Flight, Tally-Ho. Lead, 2 Engage; 3, 4 Cover.（看到敵機，一、二號機準備接戰，三、四號機掩護。）」張惠榮用無線電通知他的僚機準備接敵，三、四號機隨即飛到最佳的掩護方位。

油量偏低，敵機倍增

張惠榮知道中共那批殲六也一定是接受地面的管制，對方的雷達當然也看到了他，然而那幾個黑點還是繼續保持航向向南飛行，並沒有對著自己這批飛機轉過來的意向。這使他覺得他們的出動已經達到了嚇阻的效用。

就這樣飛了一會兒，之後因為天候與雲層的關係，那幾個小黑點由張惠榮的視野中消失。幾分鐘後戰管告訴他，這一批殲六向西轉入大陸，而另一批敵機已經接近平潭，目前在他的五點鐘方位二十浬。

張惠榮往儀錶板瞄了一下，他的油量已接近那個巡航區域的 Joker 油量，[6] 而一般情況下，僚機的油量應該都會比長機低，於是他按下通話按鈕：「Capi Flight, Fuel Check（報告油量）。」

三架僚機依序報出當時的剩餘油量。二號機是四架飛機中剩餘油量最少的一架，僅有一千五百磅，比他少了近一百磅，已低於 Joker 油量。編隊飛行時，領隊當以最少油量的那架作為考量，這樣才不會發生有任何飛機無法返場的窘狀。

張惠榮向戰管報出當時的油量後，戰管頓了一下，然後簡單地告訴他：「繼續執行任務。」對戰管這樣的指示，他並不訝異，他知道當時空軍已經到了捉襟見肘、沒有多少飛機可用的地步。新竹是距離平潭最近的空軍基地，駐紮新竹四四九聯隊使用的 F-104

面對中共軍機在台灣海峽上空的威脅，張惠榮曾經率領四架飛機上前阻擋，成為防衛台灣的第一線尖兵。而當天他卻得同時處理自己油量不足、友軍援兵未至、敵方數量倍增的高壓狀況。（圖／張惠榮提供）

因為機件老舊，有時連派出四架飛機執行巡邏任務都有問題。國產的IDF戰機雖然已經有兩個中隊成軍，開始在台中清泉崗空軍基地服役，然而因為是全新的飛機，許多技術上的問題在執行任務時才被發現，因此妥善率還不是很高。即使那時我國已向美國及法國購買了F-16及幻象2000等先進戰機，但交機日期都還排在一、兩年之後。這種情況下，面對著中共的武嚇，也只能靠著這些機齡已近二十多年的F-5來撐下台灣的空防了。

張惠榮由耳機中聽到戰管告訴他，有另一批四架敵機由北面南下，進入平潭島空域，這代表著他所面對的敵機突然增加了一倍，由原先的四架變成八架！

對這樣瞬間的敵情變化，張惠榮並沒有驚慌，中華民國空軍從建軍以來，幾乎所有的戰鬥都是以寡擊眾，部隊的訓練也都是以劣勢對優勢為主。因此即使敵我數量懸殊，但他覺得如果中共突然決定對台灣展開攻擊，在我方警戒機群抵達之前，他與他的僚機該可以擋住中共的第一波攻勢。

已到緊急油量，繼續執行任務

不過，戰爭總會有傷亡，即使能擋住中共第一波的攻勢，張惠榮這四架飛機能全身而退嗎？中共的車輪戰術就是企圖以飛機的數量來壓住我方，[7]當天張惠榮這批飛機在平潭島空域的對峙情況下，中共已經出動了三批飛機，而我方飛機在油量偏低時，仍然因無人前來遞補而無法脫離，這樣即使能在空戰中擊落敵機，自己也終將因油盡而無法返航。

「Capi Two, Bingo!」二號機簡單的報出油量已低到一千兩百磅。在正常情況下，這時戰管一定會下令返航，但是那天戰管卻仍然指示「繼續執行任務」。

那時作戰司令部內，執勤主官也是相當著急，但是在派不出接替的飛機時，也只有讓張惠榮這一批飛機繼續於海峽上空待命。他們的油量雖然已經偏低，不過作戰司令部的主官認為在緊急狀況下，那四架飛機仍可就近落在新竹基地。

戰管不斷的報出那兩批敵機的位置與動向，張惠榮的腦海中也一直根據戰管所提供的資料，將敵我的關係位置圖更新。原本只有四架敵機時，情況還比較簡單一點，又多了一批敵機後，整個情況頓時變得相當複雜，他必須考慮如何同時應付兩批敵機。

那兩批敵機不斷的更換方向與高度，但是始終沒有接近到十浬之內，不過這並沒有讓張惠榮感到放心，因為他除了要注意敵機的動向之外，另一個狀況已經開始逐漸形成：二號機的油量已接近緊急油量！

張惠榮坐在座艙中很明白自己目前的處境，在戰管解除他們這一批飛機的任務之前，他只有繼續堅守崗位，監視那兩批敵機，不能讓敵機對台灣本島有任何威脅。

二號機報出飛機僅剩緊急油量之後，三、四號機也相繼報出相同的狀況，張惠榮自己飛機的油量也已低過八百磅。雖然有備降場在附近，但也只能多撐幾分鐘而已。而作戰司令部並沒有解除他們任務的意思，所以張惠榮知道情況一定相當緊急，要不然作戰司令部不會讓這四架已經低油量的飛機繼續留在海峽上空。

就在此時他想起了十多年之前，他從電影〈最長的一日〉的台詞中學到一句英文，Hold until relieved.（堅守到援軍到達。）當時他對那位受命守橋的英軍少校感到欽佩，沒想到今天他竟也面臨同樣的情況，只是眼前的情況似乎更糟，因為戰鬥機沒有燃油，就像陸軍步兵沒有子彈一樣。

面對如此發展的情況，張惠榮心中突然想起了家人及林覺民的與妻訣別書……而他自己現在連寫一封這般書信的機會都沒有了！

就在張惠榮的油量錶指到七百磅的時候，戰管通知他，四二七聯隊的四架 IDF 戰鬥機已經接近空域，他們可以脫離，並問他們需不需要就近在新竹落地。

國家又度過了平安的一天

張惠榮轉頭往左邊看去，那天的天氣狀況是CAVOK，[8]他在座艙中可以看到台灣東部海岸及花蓮。根據這個狀況，他心中很快的盤算了一下，如果落在新竹，加油後再飛回花蓮，最少需要一個半小時以上。在這戰備狀況二的緊急情況下，他們這四架飛機就要晚一個半小時的時間才能重新完成備戰。眼前他們的油量雖然低過計劃中的緊急油量，但都還有六百磅到七百磅之間，而緊急油量是根據正常航線穿降所計算出來的油量，這時如果能直接定向本場，他覺得應該可以回到本場落地。

於是他請戰管以最直接的方式，將他們四架飛機引導飛回花蓮本場。戰管聽了他的請求之後沒有浪費任何時間，立刻將附近的飛機帶開，讓他們直線飛回花蓮落地。

當天下午一點鐘，四架飛機安降花蓮。這次任務雖然沒有與敵機發生纏鬥或是發射飛彈，但是這四位飛行員都明白自己達成了上級賦予的任務。而社會上卻沒有人知道，因為那次任務，台灣民眾又躲過了一個可能發生的危機。

任務歸詢結束，手錶上的時針已指向兩點，四位飛行員才感覺到飢腸轆轆。原來他們自早餐之後，已有八個鐘頭沒有用餐。幸好廚房的伙夫們也瞭解那群緊急出動的飛行員是空著肚子去執行任務，因此當他們四人由作戰室出來後，張惠榮的參謀告訴他，廚房的伙夫們已經為他們又準備了一桌飯菜。張惠榮還特別前去廚房向伙夫道謝，沒想到伙夫卻向他說：「大隊長您在天空向敵機開火，我們在廚房裡為您開伙！」大家聽了都笑成一團。

這件聽起來相當緊張的任務情節，在那四位飛行員的記憶中並沒有留下太大的印象。多年之後在詢問他們對那次任務的感想時，他們竟然不太記得這件事，只是輕描淡寫的說：「只是一個任務而已……」

對那群飛行員們來說，也許只是一個任務而已，但我們的國家卻因著這些一個個的任務，安全的度過了民國八十五年的台海危機。

張惠榮後來在軍中繼續服役，一直到中將副司令才屆齡退伍。民國一百零九年他看到中共軍機不斷的進行繞飛台灣的新聞時，他就會想到在二十餘年前他率著四架飛機在平潭島附近監視敵機的那次任務。他也深信，當今的飛行員們已經承傳了他們的薪火，繼續捍衛著我們的領空。

1國軍戰備狀況分為五個等級，平時為「狀況五」，開戰時為「狀況一」。「狀況二」是指國軍部隊全部進入待命狀態，與敵軍形成對峙態勢，隨時可能開戰。

2中隊所有飛行人員是第一類飛行人員。第二類飛行人員是大隊部及聯隊部的飛行人員，他們的行政職責多過飛行任務。

3民國四十七年八月十四日，潘輔德中尉與尹滿榮少尉聯合擊落一架敵機。

4橢圓形航線，因類似跑馬場的形狀故以此命名。

5此種隊形是當長機在與敵機纏鬥時，僚機亦飛在追瞄攻擊位置並掩護長機，一旦長機未能達成攻擊，僚機立即接替攻擊。另3、4號機小隊飛在較高的佔位，一旦長僚機未能達成攻擊，或是另有敵機前來時，另一小隊可以藉著高度的優勢俯衝而下，輪番加入戰鬥。

6Joker 油量是指飛機返場時如果不能落地，重飛後可以轉降最近的外場。Bingo油量是返場時，有一次重飛的機會。緊急油量是僅有一次落地的機會，無法重飛。以當天巡航區域來計算，Joker油量是一千六百磅，Bingo是一千二百磅，緊急油量是八百磅。

7多批敵機輪流攻擊同一批我方飛機，使我方疲於應付。

8CAVOK：Ceiling and Visibility OK，無雲，能見度7哩以上。

第2章

槍砲機歷險記

饒遠平上尉

越戰初期，美軍對地面的空中支援主要是靠直升機，UH-1H 型的直升機除了運兵之外，也對藏在叢林中的越共進行攻擊任務，但是裝在機門旁邊的機槍，經常因為發射頻繁導致槍管過熱發生卡彈。

為了解決這個問題，美國國防部請通用電力公司（General Electric）的軍火部門根據加特林式 M61 火神機砲（M61 Vulcan Gatling Cannon），設計一種小型的電動機砲。經過一年多的設計與測試，通用電力於一九六二年發展出了 M134 型的迷你機砲，這種機砲有六支由電動馬達帶動的砲管，每分鐘可以發射兩千發到六千發 7.62mm 口徑的砲彈，而這些砲彈是由六隻砲管輪流發射，因此砲管過熱的問題就迎刃而解。

有了這種新型武器之後，美國空軍試著將三挺迷你機砲置放在 C-47 的後艙，由飛機左側的貨艙門及窗口伸出，飛行員負責控制發射。當初的構想是：飛行員發現地面越共的陣地時，便將飛機圍繞著越共的陣地飛行，啟動機砲對地面發射後，在三秒鐘之內，可以在五十公尺方圓之內，每兩平方公尺就送進一顆砲彈，這種威力實在相當可怕。

美國空軍將改裝過的 C-47 槍砲機重新編類為 AC-47（A 代表 Attack，是攻擊的意思）。在一九六四年投入戰場之後表現非常優異，立刻得到地面部隊的讚賞，在戰事緊急必須申請空中支援時，經常指名要求 AC-47 槍砲機前來支援。

AC-47 槍砲機在越戰中不但戰功彪炳，更曾使一位低階士兵因為在 AC-47 上的英勇表現，而獲得美國最高的軍事勳章——國會榮譽勳章（Congressional Medal of Honor）。當時是一九六九年二月二十四日夜間，一架 AC-47 在執行對西貢（現胡志明市）附近的越共部隊攻擊任務，裝載士約翰．樂維濤（John Levitow）下士正將一枚照明彈的引信拉開，預備投出機外時，飛機被地面砲火擊中。砲彈碎片不但使樂維濤下士渾身上下創傷四十餘處，最糟糕的是將他手中的照明彈震掉，他躺在機艙地板上看見那枚十二公斤重、三英呎長的照明彈已經開始冒煙，在他前面不遠處隨著飛機抖動而四處滾動。

這時他驚覺，如果自己不立刻將照明彈丟出機外的話，那麼整架飛機會在瞬間被烈火吞噬。因為照明彈一旦點燃，發出兩百萬燭光的亮度，同時更會產生高達華氏四千度的高溫。在這種溫度下，飛機的鋁皮及樑架將迅速被燒化，機上全體人員不可能倖免。

樂維濤下士必須立刻採取行動，但自己身上的四十餘處傷口，讓他根本無法站起來，而機艙中其他幾人也都受到不同程度的傷，無法前來協助。在這瞬間，樂維濤下士決定用雙臂撐起自己的上身，趴到那枚滾動的照明彈上，用自己身體的重量壓住照明彈使它停止滾動，然後開始向機門處爬去，那枚照明彈就在他身下被拖著移動。等他爬到機門處，他將即將引發的照明彈由身下拉出，奮力舉起往機外投出，照明彈在投出飛機的霎那點燃，兩百萬燭光的亮度讓樂維濤下士的瞳孔頓時收縮，什麼都看不見了，好一陣子之後才恢復視力。

樂維濤下士奮不顧身的英勇行為不但救了全機人員，更讓他獲得美國軍中最崇高的國會榮譽勳章，因為他的表現符合了該勳章的頒發條件：「冒著生命危險，超越職責範疇，展現出極為顯著的英勇無畏行為」（Conspicuous gallantry and intrepidity at the risk of life above and beyond the call of duty）。

無獨有偶，中華民國空軍不但隨著美軍將空運機改裝成槍砲機，竟然也有與樂維濤下士相似的故事！

戰鬥老母雞大變身

鑒於美軍槍砲機在越南戰場上的成功經驗，一九七〇年代初期中華民國空軍也有了將現有空運機改成槍砲機的想法，於是空軍總司令部下令空軍一指部（第一後勤指揮部）負責將一〇一中隊的 3140 號 C-119 空運機改裝成槍砲機。

當時一指部面對的第一個問題就是：要把什麼炮裝到這架飛機上？美軍使用的

M134型迷你機砲雖然性能良好，但是一萬美元一具的造價（一九七五年價格）卻不是一指部有限預算下可以負擔得起的。此時正巧F-86軍刀機除役，由軍刀機上拆下的一百多挺五零機槍將倉庫塞得滿滿的，如果能把那些機槍派上用場，就可以為國家節省下大筆公帑。

一指部的工程師先將C-119後艙的木質地板拆掉，換上鋼板，這樣除了可以防彈，更可讓六挺五零機槍及它的彈槽架緊緊的鎖在鋼質地板上。前面五挺機槍的槍管是固定在飛機左側，呈四十五度角向下伸出機身。最後一挺機槍也是由飛機左側伸出機外，但這挺機槍由一位軍械士操縱，可以轉動方向，目的是遇敵機攔截時用來自衛。

一指部的工程師更將F-86上拆下來的三環測距瞄準器安裝在駕駛艙正駕駛左邊的窗邊，五挺固定機槍的擊發按鈕裝在正駕駛的駕駛盤上，這樣飛行員就可以經由左窗邊的瞄準器光網瞄準地面目標，然後按下駕駛盤上的按鈕來攻擊目標。這五挺機槍同時發射的火力雖然比不上M-134迷你擊砲，卻仍能對地面的目標造成相當程度的傷害。

改裝後的3140號槍砲機在試飛時，飛行員發現飛機加上鋼板及機槍後重量大增，性能變得遲緩，操縱起來相當困難。尤其是那些機槍全位於飛機左側，造成重心向左側偏移，再加上伸出的槍管增加飛機左側的阻力，使飛機有往左偏向及傾斜的現象。而這種偏側現象相當嚴重，飛行員用副翼上的調整片都無法修正，因此飛行員必須不停的向右壓桿來保持飛機的平飛。而五挺機槍同時擊發所產生的劇烈震動是否會對機身結構有影響，並不在原始設計此型飛機的工程師考慮範圍之內。一指部的工程師們雖然對這個問題有解決之道，只是在預算拮据的狀況下，無法大規模的修改機身及加強結構，因此僅能建議使用單位每飛行五十小時就對機身結構進行安檢，以避免飛安狀況發生。

雖然改裝的槍砲機有這麼多的問題，但是在佳冬靶場及石礁靶場進行的攻擊測試中，表現卻非常優異，準確度和火力密集度都能符合軍方需求。因此在第一架槍砲機測試完成之後，空軍總部下令六聯隊屬下的每一個中隊，各將一架 C-119 改裝成 AC-119 槍砲機（當時六聯隊下有兩個大隊，每個大隊有三個中隊，所以一共改裝了六架槍砲機），擔任三軍聯合作戰的對地密集支援任務，同時也在戰轟機執行夜間攻擊時，在戰場上空投擲照明彈。

當時空軍總部也下令每一個中隊必須最少有六組人員完成槍砲機的戰備訓練，而因為這型槍砲機完全是由一指部改裝，一〇一中隊的飛行員擔任測試，因此那幾位一〇一中隊的原始測試人員就必須根據自己在測試時的心得與經驗，編寫出教範，開始對每個中隊派出的種子教官進行訓練，再由那些種子教官負責各中隊的人員訓練。

運輸飛行的飛行員平時擔任運輸任務，現在面對這種作戰任務訓練，都抱著極大的興趣。因為這種「戰鬥」飛行比那些平穩的「運輸」飛行要刺激多了。

通常槍砲機在執行夜間訓練任務時，都是以三千呎的高度圍著目標飛一個橢圓形航線，飛機在航線三邊時將照明彈投下（MK-24 照明彈，可產生兩百萬燭光亮度，持續燃燒三分鐘），然後轉入四邊，這時飛行員將槍砲保險打開，準備射擊。等飛機轉入五邊，因為機槍是固定在機身上，以四十五度角向下傾斜，所以飛行員必須操縱飛機向左傾斜的坡度，以便讓瞄準器上的光網鎖在目標上。而飛機在向左傾斜的時候，會很自然的向左轉，所以飛行員也必須頂住右舵，穩住飛機的航向與姿態。

就在瞄準器鎖住目標及飛行員穩住飛機之際，飛行員按下駕駛盤上的機槍按鈕，後艙的五挺五零機槍立刻同時發射，頓時後艙充滿了機槍發射產生的硝煙及火藥味。這時坐在駕駛艙中的飛行組員，聞著空氣中的火藥味，看著在夜空中射向目標的曳光彈（每五發子彈之後的第六發是曳光彈，用以協助於光源不足或黑暗中修正彈道），感受著整架飛機的震動。這種震撼，真會讓那些運輸機飛行員有身臨戰場的感覺。為了保持飛行員在操控槍砲機時的技術水準，空軍總司令部作戰署規定每位組員每月必須至少飛一趟訓練任務，且這些訓練任務通常是在夜間執行。

夜色茫茫　我們啟航

民國六十九年初冬的一天，二十大隊六中隊的槍砲機組員被排到了夜間槍砲訓練任務。執行此次任務的組員是分隊長周夢白少校、上尉飛行官饒遠平、上尉領航官鄧孝屏、空投士官長丁鶴雲、機工長馮紀錄士官長及裝載長李長生士官長。另外還有軍械單位派來支援這次任務的一位士官長及一位軍械士。

當天下午四點半任務提示結束後，所有任務人員前往餐廳提前用餐，因為一趟任務飛下來總要三個多小時，等回來之後再用餐就太晚了。晚餐後全體組員前往一二四停機坪，對當晚使用的

饒遠平覺得運輸機擔任射擊任務，比平常的例行事務刺激多了，殊不知他即將面對離奇的危機。（圖／饒遠平提供）。

3119號機進行起飛前三百六十度目視檢查。其實先前飛機由機堡滑到那裡時，已經由機工長檢查過一遍，然而飛行員仍然不敢掉以輕心，還是按照規定圍著飛機仔細看了一遍，軍械人員也對那幾挺機槍做了一次檢查。

落日最後一道光芒即將沒入地平線，飛行前的檢查完畢，所有組員登機，地勤人員則拿著滅火器站在右發動機旁邊，等待發動機啟動。正在接受槍砲機訓練的饒遠平上尉開始按著發動機啟動清單上的步驟把右發動機的啟動電門按下，四片巨大的槳葉在電力馬達的帶動下開始緩緩轉動。槳葉轉到第六轉時，他按下點火電門，右發動機立刻發出一聲巨響，一陣白煙由排氣管噴出，螺旋槳隨即開始快速旋轉。饒遠平控制著油門，注視右發動機的轉速，看見發動機轉速穩定在每分鐘一千轉，他知道發動機已順利啟動。他繼續注視著儀錶板上的指示，等一切穩定之後，開始循同樣程序啟動左發動機。

擔任教官的周夢白少校坐在右邊的副駕駛座上，專注觀察著饒遠平上尉的各個動作是否合乎標準，因為在落地之後他必須對饒遠平在這次任務中的表現給予講評。

晚上六點整，3119號槍砲機在饒遠平的操控下，由屏東空軍基地南場的27號跑道起飛離地。爬高的時候，他看著飛機正前方的月亮及翼下的萬家燈火，不禁想起了「俱懷逸興壯思飛，欲上青天攬明月」的句子，因為當時他似乎真的就在往月亮飛去！

飛機由左營出海，在領航官的引導下平穩地以三千呎的高度對著西北方的澎湖石礁靶場飛去。當晚天氣很好，氣流也很穩，如果是在飛普通運輸機的話，將是相當輕鬆的一趟飛行。但那是一架經過改裝的槍砲機，機身過重，又有六挺機槍所增加的阻力，需要飛行員用額外的力量去保持飛機的平飛。

距離靶場還有十分鐘航程，這時饒遠平下令後艙人員準備投擲照明彈。空投士官長丁鶴雲打開了飛機左邊的門，一股強風立刻捲進機身，連坐在駕駛艙裡的幾個人都感覺到了那股高空風所帶進來的逼人寒氣。

機門打開後，軍械士將鋁製的照明彈發射架抬到機門口放好，把發射架上四個發射槽的出口對準機外，並將一枚照明彈放進發射槽內，再把照明彈的保險絲扣在發射槽的頂端。

兩百萬燭光

飛機這時接近石礁島嶼的東側了，饒遠平下令投擲第一枚照明彈。軍械士將發射槽下方的彈簧門拉開，照明彈隨即靠著本身的重量滑下發射槽，拋射出機外，保險絲在照明彈下滑時被拉開，讓照明彈的引信點燃，照明彈掛傘也張開了。幾秒鐘後引信把兩百萬燭光亮度的照明彈點燃，頓時石礁附近的天空變成白晝般明亮，饒遠平上尉遠遠看到石礁附近有七、八艘小漁船匆匆離開現場。

其實每次國軍在石礁附近進行炮擊訓練（海軍）或是投彈、炸射訓練（空軍），都會事先通知漁民，但漁民似乎很少理會，往往等到軍方的艦艇或飛機進入目標區，才會倉皇離開現場。這也是饒遠平在接近石礁的時候就先投擲一枚照明彈的原因，警示當地海域作業的漁船快點離開。

漁船才剛駛離石礁島附近海域，饒遠平駕駛的槍砲機也幾乎空臨石礁島，他在第一枚警示用照明彈熄滅之前，將飛機加入石礁靶場的橢圓形航線的三邊，然後下令後艙再發射一枚照明彈。幾秒鐘後，黑暗的天空再度轉為白晝。

饒遠平通過石礁島不久，向左壓坡度讓飛機開始左轉進入四邊，這時他解除機槍的保險，通知軍械士即將開始射擊。

飛機在四邊並未改平，而是直接轉向五邊，饒遠平上尉在三千呎的空層很清楚地看見石礁靶場上的靶標就在他左前方。飛機轉入五邊之後，他將瞄準鏡的光環套住靶標，稍微頂住右舵避免飛機側滑，然後扣下板機，一陣震耳欲聾的聲音立刻由後艙傳來，飛機同時開始抖動。

饒遠平上尉看著窗外曳光彈射向靶標的光跡，聞著空氣中的火藥味，頓時腎上腺激素衝往全身每一個角落，積壓在心中太久的那股作為一個軍人的剽悍本能，似乎就像那些子彈衝出槍管似的衝出他的身體，他知道如果有一天真有人膽敢挑釁我國的話，他就會這樣為國效力！

飛機通過目標後，饒遠平將飛機改平，繼續前飛了一段距離，然後轉向二邊，這樣就完成了第一個攻擊架次。原先投下的照明彈已經接近海面，失去了它的光度，於是饒遠平通知後艙準備再投擲一枚照明彈。

另一枚照明彈投出飛機之後，所有的程序如前次般重來一遍，就這樣饒遠平飛了兩個派司，每個派司看似相同，但在投彈、瞄準、開槍、脫離的過程中，經驗就一點一滴地留在每一位組員的腦海。

停止射擊！老母雞出事了

第二次派司結束後，饒遠平上尉將飛機再度轉向二邊，預備進入第三個架次的攻擊，他如前幾次一樣通知後艙投擲照明彈。通常在他下令幾秒鐘之後，立刻可以看到一陣耀眼的白光由飛機後方照射過來，但這一次期待中的白光卻沒有如期的出現。一開始他以為是飛機發動機噪音太大，後艙沒有聽見他的指令，於是他又說了一次。但是這次後艙回覆他的並不是他所期待的「Roger!」而是一陣急促的聲音：「停止射擊，出事了，重複，停止射擊。」

饒遠平不知道出了什麼事，可是由機工長的口氣中他可以感覺到後艙一定出了大事，於是他立刻將機槍的保險關上，並將飛機改平。就在這時，機工長馮紀錄快步進入駕駛艙向兩位飛行員報告：那位軍械士被照明彈發射架的彈簧門夾傷了手掌的虎口，血流不止，無法繼續執行任務，建議立刻返航，將受傷軍械士送醫。

饒遠平雖然是那次任務的機長，但機上最高階的軍官是分隊長周夢白少校，他聽了立刻指示饒遠平就近轉降澎湖馬公空軍基地，這樣那位軍械士可以早一點受到醫療的照顧。

饒遠平上尉立刻向戰管報告飛機上有人受傷，要求轉降馬公空軍基地。戰管聽了之後也以最直接的方式引導那架槍炮機飛往馬公空軍基地。

以 AC-119 的速度來算，由石礁飛到馬公機場，只是幾分鐘的事，在饒遠平上尉向戰管報告十分鐘之後，那架槍炮機就已經在馬公空軍基地落地。他們把飛機滑進停機坪的時候，海軍第二軍區醫院所派出的救護車都還未抵達。

等待救護車的同時，周夢白少校及饒遠平上尉兩人才知道，當天他們能安然落地，實在是僥天之幸，因為如果不是丁鶴雲空投長快速反應的話，他們全組人員都已成為台灣海峽下的冤魂了！

肉身對抗千度高溫

原來在饒遠平進入了第三波攻擊，後艙聽到投下照明彈的命令後，軍械士正要將彈簧門拉開，發射照明彈時，發射架突然傾倒。軍械士本能伸手去扶發射架，手掌遭彈簧門夾傷，而那枚照明彈卻在彈簧門打開時滑出發射槽，保險絲也在滑出的霎那被拉開。偏偏發射架傾倒後，發射槽的出口偏離了機門，因此那枚已被引發的照明彈雖然滑出發射槽，卻未落到機外，反而是掉在後艙的地板上！

一枚引信已經點燃、已冒煙的照明彈在後艙的地板上滾動著！這該是多麼可怕的景像？因為照明彈保險絲被拉開、引信開始燃燒，幾秒鐘後照明彈內部的鎂粉就會開始燃燒，產生攝氏一千多度的高熱。在如此溫度下，那架飛機的後半段機身會瞬間被燒化！

丁鶴雲空投長當時就站在軍械士的旁邊。他看著那枚已經冒煙的照明彈在地板上滾動，他知道如果照明彈點燃的話，全機人員，包括自己在內，將無一倖免。於是他一個箭步向前對著照明彈就是一腳，想將它踢出機艙，但那枚幾乎有一公尺長的照明彈卻在被踢起時，碰到機艙門的門框又彈回機艙內。此時整個後艙的人都嚇得呆若木雞，有幾位已經閉上眼睛等待那悲慘時刻到來。

誰都知道，一枚拉開保險絲的照明彈，就像拉開了保險的手榴彈一樣，在經過一段滯緩期後才會爆炸，但是任誰都不知道那個滯緩期是多久。那枚照明彈從滑出發射槽到落到機艙地板，到被丁鶴雲空投長踢起，碰到門框後再彈回機艙內，已經過了一段不算短的期間，很可能在下一秒鐘就會引燃。然而丁鶴雲空投長卻完全沒有考慮這立即的風險，反而再度跳到還在滾動的照明彈旁邊，彎下身用雙手撿起已經冒煙的照明彈，轉身衝到機門口，將照明彈丟出機外。幾乎就是同時，照明彈在被丟出機外的那一霎那點燃了！站在機門旁邊的丁士官長立即感覺到一陣突來的炙熱焚風！

聽了馮機工長的敘述之後，饒遠平上尉及周夢白少校一時嚇出一身冷汗，說不出話來，因為他們都瞭解那是個多麼嚴重的情形。就如機工長說的，如果不是丁鶴雲空投長機警快速反應，他們所有人可能已經隨著飛機羽化在台灣海峽上空了。周夢白少校當時就表示將要將丁鶴雲空投長的英勇行為報給上級，替他申請一個獎章，畢竟他救了飛機及全體組員的生命。

丁鶴雲空投長後來因為當天晚上在槍砲機上的敏捷反應，被記大功一次。

美軍樂維濤下士在一九六九年於那架 AC-47 上所做的事，與中華民國丁鶴雲士官長在一九八〇年於 AC-119 上所做的事，大致相同。他們發現大難即將發生，沒有退縮，反而挺身而出，將自身的安危置之度外，不但搶救了飛機，更救了飛機上所有人的性命。他們兩人除了如此相同點之外，他們也都是平凡的人，沒有做過大官，也沒有要做「人上人」的大志，但是他們卻都盡到了超出平凡人的責任！

雖然兩人所立功勞相同，但事件的後續發展在兩個國家卻有顯著的不同。美國軍方並未因為樂維濤只是一個下士，而侷限他所獲勳章的等級。他在一九七〇年五月於白宮接受由尼克森總統所頒發的國會榮譽勳章，並被美國新聞媒體廣泛的報導。而丁鶴雲士官長在被記大功時，因為軍中所有事物都是屬於「機密」，因此國人並不知道那天晚上丁士官長在石礁靶場上空所表現的英勇事蹟。

但這無損他是一位英雄的事實！

第3章

往上，還是往下？

何緒強上尉

民國六十六年十月六日清晨，太陽的第一道曙光翻過大武山，燦爛陽光灑在屏東空軍基地北機場。這時反潛中隊的何緒強上尉已經做完運動，正坐在餐廳裡吃早餐。

何緒強由空軍官校畢業已經第五年了，在這五年間他換過了三個部隊。剛畢業時被分發到專機中隊擔任副駕駛。在空軍中，專機中隊的成員薪水不見得比其它部隊多，但卻有點「事少離家近」的味道。因為每個作戰部隊飛行員都必須擔任警戒任務，在專機中隊就沒有這項負擔，相形之下輕鬆許多。而何緒強的家就在台北，坐公共汽車就可以回家，這比起駐在其它基地的同學來說，真是方便太多。

雖然這是許多人夢想的單位，但對於剛由軍官學校畢業的何緒強來說，卻不是他從軍的目的，他想要進入作戰部隊，以最直接的方法在戰場上為國效命。他的這種想法曾讓一些人費解，然而知道他身世的人，都瞭解這是他必然的想法。他的父親就是軍人，曾在抗日英雄吉星文將軍麾下任職，不幸於民國四十一年的一次演習中，被手榴彈炸傷後傷重殉職。父親去世後母親改嫁，而何緒強始終無法與繼父建立起和諧關係，於是在十歲那年被送入台北市木柵興隆路的「國軍先烈遺孤育幼院」（後改名為聯勤國軍先烈子弟教養院）。

民國五十年左右，何緒強小學六年級時，於國慶日在松山機場看到雷虎小組的表演，使他對飛行產生了極大的興趣。他當時就立下志願，以後要像那些雷虎英雄一樣在藍天中穿梭飛行。

初中畢業後他順利進入空軍幼校，再經過四年空軍官校，終於在民國六十一年掛上飛鷹，成為空軍中尉飛行軍官。他第一次駕機在松山機場降落時，曾激動到落淚，因為那裡是啟發他飛行夢想的起點，經過十年的努力，他終於駕機回到原點。

在圓夢的同時，他也知道這些成就並非只靠努力就能得到，由遺孤育幼院，到空軍幼年學校，再到空軍官校，這一路走來他都受到養育與栽培。因此他希望能在戰鬥部隊對國家做出更直接的貢獻。

進入反潛中隊

經過多次的申請，他先是被調到空軍官校擔任飛行教官。幾年後才終於如願被調到第一線的作戰部隊——空軍反潛中隊。

反潛中隊顧名思義是專門在海洋上空尋找與攻擊敵方潛水艇的飛行中隊，在美軍編制隸屬海軍，但我國海軍並沒有航空及飛行方面的人員，因此國防部於民國五十六年接收第一批由美國軍援的 S-2A 時，便把這批螺旋槳式的反潛機，編入同樣使用螺旋槳式飛機的空運部隊——空軍第六聯隊。這個新成立的反潛部隊進駐屏東基地的北機場，與空運機所駐的南機場遙遙相望。

S-2A 是美國格魯曼飛機公司於一九五〇年代初期研發製作的飛機，機上的 AN/APS-38 對海搜索雷達可偵測到十到二十哩範圍內的潛艦呼吸管及潛望鏡，機尾的 ASQ-8 磁異偵測器（MAD，Magnetic Anomaly Detector）則可以偵測海面下潛艇所產生的異常磁場信號。飛機上的偵潛官就利用這兩種電子儀器，及由飛機上空投下海的聲納浮標，來尋找潛伏在海面下的潛艇。然而這一批 S-2A 上的電子偵測儀器早已超過使用年限，在無法取得補充零附件的狀況下，就逐漸無法運作了。

為了解決這個問題，我國在民國六十五年向美國以軍購方式買了十六架 S-2E，這種飛機上除了有較新的 AN/APS88A 對海搜索雷達之外，更將導航儀與反潛計算機更換為整合型的 AN/ASN-30 戰術導航電腦。

對反潛中隊的飛行員及偵巡官來說，AN/ASN-30 這種戰術導航電腦，是一種完全陌生的儀器。因此在換訓 S-2E 這型飛機時，飛行員及偵巡官就要用較多時間來熟悉這套新的航電系統。

民國六十六年十月六日那天，何緒強與在官校時比他高一期的林蓉康少校，被排到一個訓練任務：在屏東機場北邊空域，美濃、六龜一帶上空進行 AN/ASN-30 戰術導航電腦訓練飛行。

平時該空域是空軍官校基本飛行組的訓練空域，但那天官校並沒有編排任何訓練，於是反潛中隊就利用那個空域來進行訓練。當天在同一個空域的四千呎空層，還有另外一架由石建勳少校及游家渥上尉所駕駛的 S-2E，正在執行三階段的任務機長訓練。[1] 林蓉康這架飛機則被指定在五千呎的空層進行訓練。

上午八點十五分，兩架 S-2E 反潛機以五分鐘的間隔，由屏東空軍基地北機場 28 號跑道依序起飛，爬到兩千呎之後，向右轉對著美濃飛去。

當天天氣很好，就像任務提示時氣象官所說的 CAVOK。[2] 何緒強坐在座艙中看著蔚藍的天空及地面熟悉的地標，不禁想起幾年前在官校學飛時，他就經常在這個空域飛行。他的第一次 T-28 空域單飛就是在這裡完成，他記得當時自己曾興奮的在座艙中大叫，因為由一個育幼院的學生到能自己駕機在空中翱翔，並不是條容易的路。尤其是他知道自己不是一個有飛行天份的人，當初為了能完成飛行的志願，他真是將所有的精力都放在學習上，不但牢牢記住了 T-28 座艙內所有儀錶及電門位置，更將整本 T-28 的技令背得滾瓜爛熟。他的飛行教官鄧之行中校就曾告訴主任教官，在他帶飛的三位學生中，何緒強的表現並不是最好，但何緒強卻是在他帶飛生涯中見過最用功的學生，所有飛行課目的動作不但記住操作要領，更會從空氣動力學的觀點去瞭解為什麼要那樣操作。鄧教官更對主任教官表示：有飛行天份的學生，通常都是在開始時的表現非常耀眼，但到一個階段後，如果自己不再多加努力，那個進步曲線就會變平。而何緒強在剛開始時的表現，比不上有天份的同學，然而因為他肯努力，也用功，學得紮實，最後的表現就超過那些有天份的學生。想到這裡，他突然想到自己有一陣子沒去探望鄧教官了，該找個機會去一趟岡山……

看到，與被看到

飛機爬到五千呎後，林蓉康將飛機改平飛，何緒強隨即向戰管報到，然後再將通訊波道改回機場塔台波道，因為屏北空域屬於屏東機場塔台管控。

AN/ASN-30的操作並不難，但訓練過程卻很費時。一般都是先由偵巡官在後艙將模擬的潛艇位置輸入到系統內，飛行員再根據系統所推算出最佳的進入攻擊角度，飛一個模擬攻擊航線，每趟所需的時間都要十多分鐘。而那套系統雖然稱之為「戰術導航電腦」，但卻與今日大家熟悉的「電腦」相差甚遠——它是類比型電腦，由電子零件及機械式轉盤混合操作，有時陰極顯像管上所顯示的影像資料，會與實際狀況有些誤差。飛行員根據這些資料所飛的航線就不見得精準，而必須將整個過程重來一遍。所以林蓉康及何緒強飛了幾個模擬攻擊航線之後，即使外界溫度僅有五度，兩人卻仍是汗流浹背。

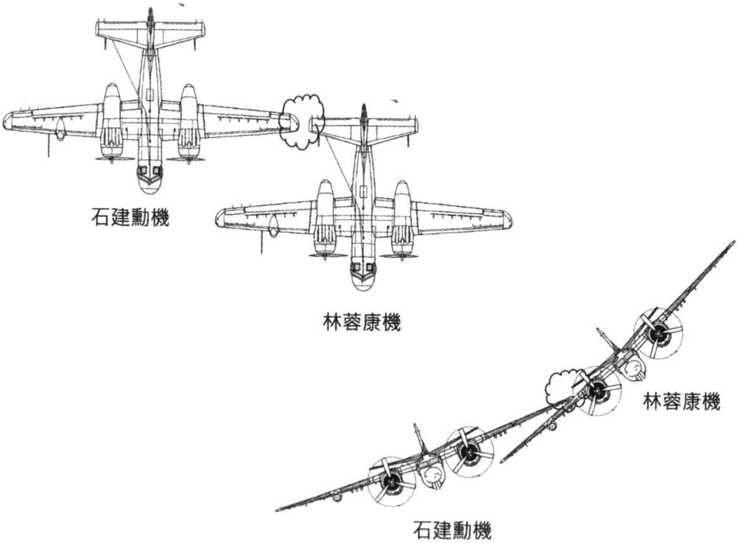

撞擊意外發生當時的模擬情況。（圖／王立楨提供）

十一點半左右，林蓉康通知塔台訓練課目結束，將下降高度由里港大橋處加入大航線返回屏東北機場落地。塔台很快的回覆並准許他開始下降高度，同時也指示他在通過里港大橋時，再與塔台聯絡。

就在同時，飛在同一空域四千呎空層的那架 S-2E，也向塔台報告訓練課目結束，要求以大航線返航。

正預備下降高度的林蓉康聽到了另外那架 S-2E 正駕駛石建動與塔台之間的對話，知道他們兩架飛機都將在里港大橋加入大航線返航，但石建動的飛幾比他低一千呎，因此他認為石建動的飛機會比他先通過里港大橋，所以他並沒有太在意。

林蓉康將駕駛盤向右轉去，同時將機頭推下，飛機進入一個向右的下滑轉彎。這時坐在右座的何緒強一面向右邊看，試圖目視在同一個空域的另外一架飛機，以保持一定的距離，避免相撞。然而機翼上的那具巨大發動機擋住了右方大半邊的視野，他一直沒看到另外一架飛機。雖然他知道兩架飛機之間的垂直間距有一千呎，但為了安全起見，他還是不斷的改變自己的姿勢，企圖能在下降過程中，看到另外一架飛機。因為「看到與被看到」是兩架飛機在同一空域目視飛行時最重要的守則。

就在何緒強還在繼續尋找另一架飛機的時候，突然出現一聲「咚！」飛機尾部同時傳來一陣抖動。飛機抖了一下之後，機頭就開始下垂，對著地面俯衝。

「怎麼了？」林蓉康急急地問，抓著駕駛盤的雙手同時用力向後，試圖將機頭帶起，但駕駛盤卻像卡住了似的，完全無法前後移動，飛機繼續俯衝。

「撞到那架飛機了！」何緒強說著，同時也出力幫林蓉康將駕駛盤拉回，但是由駕駛盤的反應他很快的就瞭解，升降舵一定是在撞擊之後，卡在向下的位置。

「那架飛機在哪裡？」林蓉康的口氣中顯示著他不敢相信在那麼大空域裡，高度相差一千呎的兩架飛機竟然撞上了。但是由機尾所傳來的震動及聲音，使他不得不相信，這麼巧的事竟然讓他碰上了！

飛機的狀態很明確的告訴他們：機尾必定被撞得不輕，受損的機尾已導致飛機進入俯衝，而他倆竟無法將駕駛桿拉回，這表示機尾必定已經變形。

快要把地上撞出一個大洞了

那時飛機的高度已經低過三千呎，在俯衝的狀態下高度喪失得很快。再不及時改正這種狀態，飛機會很快的在美濃鄉附近撞地！

既然駕駛桿無法拉回，改變不了飛機的俯衝狀態，林蓉康及何緒強兩人都想到了升降舵上的調整片，[3]但是兩人卻對那調整片的使用有著全然不同的看法。

林蓉康根據直覺，將駕駛盤上的調整片電鈕按到Nose Up（機頭向上）的位置，企圖利用這個方法將機頭帶起。這時何緒強的腦中卻突然閃過一個念頭：既然他們兩人用了那麼大的力量都無法改變升降舵的姿態，那麼調整片也一定無法改變升降舵的姿態，這時只能試圖用調整片直接來控制飛機的俯仰，而調整片轉動的方向是與升降舵相反（調整片向下會導

S-2E的機尾。（圖／王立楨提供）

致升降舵向上）！

「不！學長，該是Nose Down（機頭向下）。」何緒強看著林蓉康將調整片調到機頭向上時，急著對著林蓉康說。

林蓉康聽了何緒強的話，轉頭以狐疑的眼光看著何緒強，飛機已經在俯衝的狀態無法改出，怎麼還要將調整片調到機頭向下？這時飛機竟然開始以更大的角度俯衝！林蓉康急得再度試圖將駕駛盤拉回，然而他馬上又意識到這樣沒用。就在電光石火緊張的霎那，何緒強直接伸手將調整片調到Nose Down（機頭向下）的位置，飛機漸漸停止俯衝，繼而緩緩改出。

一切發生得太快，林蓉康見到飛機由俯衝情況下改出來後，立刻瞭解何緒強將調整片調到機頭向下導致機頭仰起的原因：因為何緒強將調整片調到Nose Down的位置（調整片調高）時，其實就是將那一小塊調整片當成升降舵來用，而那一小塊調整片還真能將機頭帶起。

飛機在兩千三百呎改平之後，林蓉康及何緒強兩人這才鬆了一口氣。當下危機暫時解除了，這時林蓉康想到了石建勳的那架飛機。

「A2（石建勳飛機的呼號），A1（林蓉康飛機的呼號），Go Manual。4」林蓉康呼叫另外一架飛機，要求轉到隱密波道。

「Roger, Manual。」石建勳很快地回應，並將波道轉到事先約好的隱密波道。

「你飛機操作有沒有問題？」林蓉康急著問石建勳，想知道另外一架飛機受損的狀況。

「沒問題，你呢？」聽到石建勳的飛機沒問題之後，林蓉康也就安心了。

「我有些小狀況，你現在位置？」

「就在你右下方。」

何緒強聽了之後，向右下方看去，這次他很清楚看見石建勳的飛機了。

「你慢慢靠過來，幫我看看機尾的情況。」林蓉康急著想知道自己的飛機受損的程度。

「Roger，我轉過去看看。」石建勳將飛機拉高，對著林蓉康的尾部接近。

因為怕吃到林蓉康那架飛機的尾流，石建勳也不敢把飛機飛得太近，他小心地將自己的飛機飛到林蓉康那架飛機的尾部下方約四、五十呎處。即使隔著這樣的距離，他也可以清楚看到林蓉康那架飛機扭曲的右水平安定面及升降舵，受損的程度看得他怵目驚心。

「你右側水平安定面與升降舵被撞變形，升降舵卡在向下位置，真是亂七八糟。」石建勳將所看到的情形描述給林蓉康聽。

知道自己飛機尾部受損的情形後，林蓉康開始擔心等一下落地時，他該怎麼拉平飄落地？

「好的，我知道了，等下你先落地，我隨後。現在回塔台波道。」因為石建勳的飛機操作沒有問題，林蓉康決定要石建勳先落地，免得萬一自己在落地時發生意外，石建勳就要落到別的地方去了。

在石建勳飛機下降的同時，林蓉康試著蹬了蹬舵，又轉了轉駕駛盤，以此測試方向舵及副翼，他發現操作起來完全正常，這下就放心不少了。

耳機中傳來石建勳通知塔台通過里港大橋的聲音，林蓉康這才將飛機對著里港大橋飛去。

驚險落地

飛機通過里港大橋，加入大航線之際，林蓉康與何緒強兩人不斷討論該如何落地。

他們發現調整片的作用其實有限，就算把它調整到完全機頭向下的位置，頂多也只能保持飛機平飛，無法將機頭繼續拉高。因此兩人決定利用油門來控制發動機的馬力，將飛機飛到跑道上落地。

為了安全起見，他們飛了一個長五邊。飛機對正跑道後，林蓉康慢慢收回油門，讓發動機馬力減少，使得飛機逐漸降低高度。

當飛機飛過清除區，進入了跑道上空，林蓉康將油門收回到慢車的位置，慢慢降低高度，幾秒鐘後兩個主輪輕輕擦上跑道，飛機很平穩的落在跑道上。駕駛艙裡的林蓉康與何緒強兩人鬆了一口氣，十餘分鐘的空中驚險終於落幕。

飛機滑進停機坪停妥，林蓉康及何緒強完成了關車手續，立刻下機去看機尾到底被撞成什麼樣子。當他們看了自己的飛機及石建勳那架飛機受損的狀況後，頓時

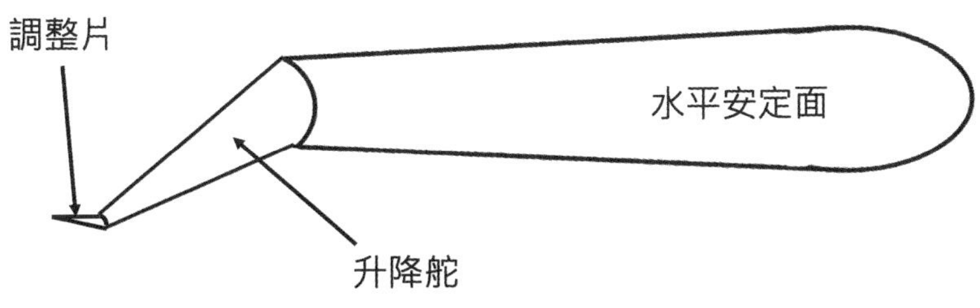

S-2E 尾部的控制面結構圖。（圖／王立楨提供）

瞭解事發的情況：他們飛機在下降途中，右側水平安定面與另一架飛機的左翼撞上，自己飛機的水平安定面與升降舵被撞後扭曲的卡在一起，呈下垂狀——這是促使他們機頭向下的主因。另一架飛機的左翼僅在翼尖處有些變形，不影響操控，因此可以順利落地。何緒強特別仔細的看了看升降舵後緣的那一小塊已經調到最高點的調整片，他知道如果不是那一小塊調整片，他們那天將無法安全返場。

林蓉康走到何緒強身邊，拍了拍他說：「老弟，今天虧了你，要不然我們都回不來了。」

當天下午，空軍總司令部飛安組的兩位飛安官就由台北趕到屏東，對這次飛安事件進行調查。經過對當事人的訪談，及檢查兩架飛機損壞的情形後，飛安官覺得這次空中相撞的主要原因就是兩架飛機的機長在飛行時顧慮不周，不過兩位飛安官也瞭解林蓉康那架飛機能在升降舵卡死的狀況下，竟能安全落地，何緒強的建議實在功不可沒。

雖然如此，這次空中相撞的意外事件總要有人負責。因此在結案時，兩機的機長各記大過一次，兩位副駕駛則因為沒有盡到組員的責任，各被記小過一次，作為這次意外事件的懲戒。

何緒強一開始對那個小過是有些不服。不過經過一番熟思，他知道在整個事件中最重要的事，是他有能力在那個關鍵時刻根據他對飛機機件的瞭解，做出正確的判斷，將飛機由俯衝的狀態中改出，避免了一次機毀人亡的慘劇。至於被記小過一事，就當成日後的警惕吧。

---

1 一階段的飛行員是指完成換裝訓練的飛行員。二階段則是可以擔任副駕駛執行作戰任務的飛行員。三階段則是完成機長訓練，可以擔任作戰任務正駕駛的飛行員。

2 CAVOK：Ceiling And Visibility OK，按照國際民用航空組織（ICAO，International Civil Aviation Organization）的解釋是：雲層在五千呎以上，能見度十公里以上。

3 升降舵調整片是飛機升降舵後緣的一小片可轉動的翼面，空氣經過調整片時，會因調整片的角度，而產生一股向上或向下的力道，將升降舵固定在機頭向上或向下的位置。因此是經由調整片來控制升降舵，升降舵再控制飛機的俯仰。

4 Go Manual是要另外一架飛機離開公用波道，轉到兩架飛機可私自通話的隱密波道。

各型 S-2 服務國家多年，現已全面退役。（圖／航教館授權遠流出版提供）

第4章

飛行家族

周杰　周燕初　周燕弘　周昌運

民國一百零九年五月一日是國際勞動節，中華航空公司的周燕弘教官卻決定在這天不再勞動，他以波音七四七機長的身份退休，結束了三十五年的飛行歲月。

他是家族中第二代飛行員，也是第三位退休的飛行員。在他之前，他的父親周杰及大哥周燕初都曾服役於中華民國空軍，三人的飛行總時間超過四萬小時。

從那天起，周家的飛行薪火就傳到了第三代周昌運手中。目前他是中華民國空軍的戰鬥機飛行員。

先天還是後天

空軍飛行員中第二代從事飛行的不在少數，但是第三代也掛上飛鷹的家族，就不太多了。

當然，這薪火相傳的動力，除了家族的傳統之外，最主要的還是興趣，而興趣是可以經由環境培養出來的。在空軍眷村長大的孩子們，從小看到的是飛機在空中飛翔的雄壯景觀，聽到的是飛行員英勇的故事，在這種耳濡目染的生活環境下，日後隨著父親的腳步進入空軍就是件很正常的事。

家中傳統與興趣可以解釋周燕初、周燕弘及周昌運進入空軍的原因。但是，這一切的緣起者——家中第一代飛行員周杰教官，會踏上飛行這條路，並非因為興趣。

生長在河北昌黎的周杰，原本是想當教師。他在抗戰期間由昌黎的匯文中學畢業，轉往後方，進了西北師範學院。民國三十三年國民政府主席蔣中正發表「告知識青年書」，以「一寸山河一寸血，十萬青年十萬軍」的口號召喚知識青年從軍報國，於是他就離開了學校，進入空軍官校二十三期受訓。

周杰在美國完成飛行訓練，由空軍官校畢業時，日本已經投降。為了打日本人而投身軍旅的他，回國之後立刻被捲入內戰的漩渦，開始駕著 B-25 轟炸機對共軍駐地執行轟炸任務，這實在是他始料未及。

飛天教師

當時空軍官校從印度臘河遷返杭州筧橋，復校後所採取的訓練完全比照美軍制度進行，使用與美軍同樣的 PT-17 擔任初級教練機，AT-6 擔任高級教練機。在這種情況下，許多曾在美國受訓且飛行技術優良的畢業生就被調回官校擔任飛行教官。周杰就在那時

周家第一代飛行員周杰（右），訓練出許多未來的飛行員。（圖／王立楨提供）

被調離作戰部隊，前往空軍官校當飛行教官。

從小立志要當教師的周杰，經過了四年時間，跑了大半個地球之後，最後還是進了學校當老師，成為傳授飛行技術的教官，而且一幹就是一輩子，由官校二十八期一直帶飛到五十八期，真可用「桃李滿天飛」來形容。

教飛行不容易。每次起飛，都是對自己生命的挑戰，必須全程注意學生的一舉一動，一旦學生操縱錯誤，飛機進入不正常動作，教官必須接手操縱飛機，此時也就是顯示教官智慧及經驗的時刻：太早接手學生學不到竅門，太晚接手就可能遭遇解不出來的危險。

除了教授飛行之外，周杰更是盡量將飛行理論用淺易的言語講解給學生。後來官校由 AT-6 教練機換裝成 T-28 教練機時，他更是花了許多下班後的時間，將 T-28 的英文飛行技令翻譯成簡潔易懂的中華民國空軍用語，讓教官及學生拿起技令時不用再絞盡腦汁，試圖去瞭解那些外文專業、但飛行外行的人所翻譯出來的「放棄速度剎車（Release Speed Break）」是什麼意思。[1]

今日看過國家地理雜誌〈傲氣神鷹〉影集的人，都會對飛行教官在飛行時痛罵學生的片段印象深刻。周杰曾告訴我，在恨鐵不成鋼的情況下，真是會在空中罵人，但是落地之後，看著學生祈盼一飛沖天的神情，他又會苦口婆心的對著學生講解。而為了讓有些還沒達到標準的學生，能夠在軍方規定的受訓時限屆至之前，有更多時間能學會指定的課程，周教官會刻意將一小時的飛行時間僅記錄下四十分鐘。這樣每飛行三個鐘頭，這些學生就多出一個鐘點的訓練時間，可以在天空中繼續實際演練。這種「抱羊上樹」的心態，雖然替國家造就了一些本會被淘汰的飛行員，卻使他在空軍退休時的官方飛行紀錄僅為九千七百餘小時。其實許多人都知道，他實際的飛行時間絕對超過一萬小時。

誰來繼承家業

周杰有三個兒子，其中對飛行最有興趣、從小就立志要當飛行員的是老二周燕昭，但他卻是唯一沒能繼承父業的第二代。

周杰的大兒子周燕初，高中畢業之後，剛好官校飛行專修班招生，這對當時眷村裡一群青少年們真是個好消息，他們想著這真是上天為他們這群人特別安排的機會，不用唸四年官校，就可以直接去學飛行，這可是一步登天的好事！於是他就和眷村裡的幾個朋友一起考進了飛行專修班第六期，開始了他的飛行生涯。

也許真是家學淵源的關係，周燕初在學飛的時候，覺得一切都是非常的自然，教官所說的他一聽就懂，飛機在他的操縱下，也總是表現的中規中矩，他就這樣順順利利拿到了家中的第二枚飛鷹。

周燕初由專修班畢業之後，被派到空運部隊去飛C-119運輸機。在他的感覺裡，大飛機、小飛機、戰鬥機或運輸機，其實飛起來都差不多，只要將「速度」及「姿態」控制好，任何飛機飛起來都是一樣。就是在這樣的心態下，他

對於三兄弟的老大周燕初來說，飛行彷彿是非常自然的技能，而且年輕時巧遇一條通往飛行之路的捷徑。（圖／王立楨提供）

贏得了隊長對他的信任，在許多前期學長都未出任務時，他就已經獨當一面的駕機出任務了。

周燕初在空運隊服役七年後，被調回空軍官校擔任教官。那時周杰教官已從官校退休，所以由另一方面來看，他是承傳了父親的薪火，接下了替空軍訓練雛鷹的工作。在這個工作崗位上，他將自己「飛行不難」的心態教授給學生，讓學生不要將飛行看得太艱難，只要記住「速度」及「姿態」的要點，許多問題都可以迎刃而解。

有一次周燕初用 T-34 帶飛一位學生，飛機垂直爬升到空速指零後，進入倒飛水平螺旋，學生被這突來的不正常動作嚇到了，而周燕初也從沒有遇到過倒飛螺旋的現象，他很冷靜的一邊講解一邊帶桿（正常解出螺旋是推桿，而在倒飛情況下就是帶桿解出），將飛機由那個不正常的動作中解出來。飛返機場落地後，他看得出來那位學生餘悸猶存，為了不讓學生對飛行有任何懼怕的心理，於是他對學生表示，次日他們將飛同樣的課目，但由學生來操作，學生還要負責把自己解出的步驟對教官解釋清楚。周燕初覺得經過這樣的震撼經歷後，學生一定會對飛機與飛行有更深一層的認識。

周燕初由空軍退休後，又被聘回官校擔任聘僱教官，一直到民國九十七年才屆齡退休。離開空軍官校時，他的飛行時間已經超過了他的父親，揮揮衣袖對著官校告別，帶走了許多藍天白雲中的回憶，及一萬餘小時的飛行紀錄。

周家最小的兒子周燕弘，是家族中飛行時間最多，也是投身軍旅時年紀最輕的一位。他於初中畢業時，在「哥哥爸爸真偉大」的情懷下，考入當時剛成立兩年的中正預校，而且在入校時的志願單上只填了「空軍」一項。

這誰教你的？

經過了預校三年、官校四年的教育，周燕弘通過了空勤體檢而被送上飛行線，接受飛行訓練。也許是因為從小就在空軍眷村中長大的關係，周燕弘知道太多飛行失事的不幸事件，他的父兄也一再提醒他，飛行不是耍帥的行業，除了要有純熟的技術之外，更要深入瞭解飛行的理論，才能成為成熟的飛行員。因此他在學飛期間，一直非常努力的充實自己。

即使如此努力，有一天在飛行時，他因為操縱沒達到標準，就在空中被教官揶揄：「這個動作是你爸還是你哥教的？」他才驚覺到，就是因為他的父兄都曾在官校當教官的關係，他必須表現的比一般人更好，才不至於讓人誤以為他是靠著關係完訓。

周燕弘在民國七十四年於空軍官校六十六期畢業，並沒有如父親及長兄一樣去飛多發動機的飛機，而是被編入第三十五中隊擔任戰鬥機飛行員。

或許是巧合，更可能是命運，周燕弘在作戰部隊任職幾年之後，也被調到空軍官校擔任 AT-3 飛行教官，繼續替國家訓練飛行人才。

由民國三十七年到民國九十七年的這六十年間，被周氏父子三人所調教出來的中華國空軍飛行員當數以千計。

在官校工作了幾年，周燕弘覺得該是轉換跑道、放眼全世界的時候。於是他由空軍退役，進入中華航空公司，開始「雲遊四海、飛跨五洲」的生涯。

周燕弘是三兄弟的老么，初入飛行世界卻背負了因父兄而來的包袱。（圖／王立楨提供）

進入民航公司之後，周燕弘體會到民航飛行與軍事飛行的最大不同就是：軍中要的是誓死達成任務，民航講究的卻是安全第一，所以在飛民航機時必須遵守標準程序，絕對不能拿旅客的生命及公司的商譽去冒任何風險。他在公司飛行二十餘年，從沒有發生任何意外事件。

本來周燕弘預備在六十歲時退休，但因為新冠肺炎的影響，每次由國外飛行回來都必須經過十四天的強制居家隔離，為了全國人民的健康與福祉，他可以容忍這個制度所帶來的不便。但是，中央流行疫情指揮中心規定由國外執勤歸來的飛行組員，不

周燕弘在民航界創造了完美的飛行安全記錄。（圖／王立楨提供）

得搭乘大眾交通工具，因此每次出勤前他就必須由高雄岡山住所開車前往桃園機場，使得他在登機時已經不再是精神充沛，這對公司及乘客都不是很理想的事。於是他經過嚴謹的考慮之後，決定在二〇二〇年五月一日提前退休。飛行紀錄本上最後一頁所記載的飛行總時數是一萬八千餘小時。

第三代登場

前面提過，周家老二周燕昭是昆仲之間唯一未能當成飛行員的一位，但是他的上、下、左、右卻都是飛行員——父親、兒子、哥哥、弟弟！

他的長子周昌運，本來進的是空軍航空技術學院，但在畢業那年剛巧空軍對內部招募飛行員，凡是合乎空勤體格的軍士官都可以報考。於是他在家中幾位長輩的鼓勵下，參加甄試並獲錄取，進入空軍官校飛行專業軍官班受訓。

周昌運在開始接受飛行訓練之前，家族中已無人在官校任教，但是他的叔叔周燕弘仍告誡他「不要對人說起家族中成員與官校的關係」。因為他沒忘記自己在受訓時被教官調侃揶揄的往事。

周昌運靠著自己的努力，通過了所有的考驗，於民國一百年由官校畢業，掛上了令人羨慕、也是家中傳統的飛鷹。只是非常遺憾，他的爺爺周杰教官沒能看到這光榮的一刻——他在前一年年底就過世了。

如今每當周昌運駕著戰鬥機飛在台灣上空，他會想到遠在他父親出生之前，他的爺爺就曾在同樣的空域中飛行過。他們所執行的任務也許不同，但是最終的目的都是保衛這塊土地。

「打虎親兄弟，上陣父子兵」雖然只是一句俗話，但是在周杰教官一家卻是事實的寫照。他們一家三代四位飛行員都為保衛台灣盡過力！

後記：在寫了五本《飛行員的故事》，六十餘位飛行員的事蹟之後，今天在寫周杰教官這個飛行家族的故事時，我其實是非常興奮與自豪的。因為周杰教官是我的表舅，周燕初及周燕弘是我的表弟，周昌運是我的表姪。

周家第三代飛行員，現役的周昌運。（圖／王立楨提供）

1 正確翻譯該是「放出減速板」。

第5章

二〇一六年，一月二十一日，上午八點四十五分

高鼎程少校

「Pull up! Pull up!（拉起來！拉起來！）」美國空軍的懷思赫少校（Maj. William Wisehart）在他那架 F-16B 的前座，對著無線電連吼兩聲。

這是二〇一六年一月二十一日上午八點四十五分，懷思赫少校正與另外一架單座 F-16A 在美國亞利桑那州路克空軍基地西北方空域一萬六千呎上空，進行模擬空戰。他的後座是林保昇少校，另外一架單座機的飛行員是高鼎程少校，他們兩位都是中華民國空軍在美國接受 F-16 戰術訓練的飛行軍官。

當天模擬空戰進行到第三個回合，懷思赫少校與高鼎程少校的飛機對頭通過之後，立刻開始互相追逐，拚了命要把自己的飛機轉到對方飛機的尾部，取得最佳的攻擊位置。懷思赫少校將自己的飛機拉了一個大 G 左轉，在轉彎的同時他也一直注視著高鼎程的飛機：他發現高鼎程在向他轉來時，突然開始朝下俯衝。

這是一個很不尋常的動作。因為通常兩機纏鬥動作時，都是以另外一架飛機的動向作為操控自己飛機的依據。高鼎程出現這種反常的動作，讓懷思赫少校非常疑惑：他不知道高鼎程是在進行一種新的纏鬥方式，還是因為其它原因使得高鼎程的飛機進入直線俯衝。懷思赫少校繼續將自己的飛機保持向左轉，但是眼睛一直盯著高鼎程的飛機。

幾秒鐘之後，高鼎程的飛機還是保持著俯衝的狀態，沒有任何改變，懷思赫少校這時確定高鼎程遇上麻煩了。於是他放鬆帶桿的力量，開始呼叫高鼎程。

坐在後座的林保昇少校在聽到懷思赫少校對高鼎程的呼叫之後，直覺知道發生了不正常狀況，於是也開始向飛機的左下方尋找高鼎程的飛機。

遠遠一片短暫的黑煙

當天的天氣很好，空中一片蔚藍，沒有任何雲影，地面是一望無邊的黃土，那是道地美國西部沙漠的景象。懷思赫少校稍一眨眼，高鼎程的飛機就由他的視線中消失，他努力朝著最後看到那架飛機的地點附近尋找，但是從一萬多呎的空中向下望去，卻再也看不到高鼎程的飛機了。

「Friday One（Friday 是當天他們編隊的呼號），coming!（Friday 長機，請回話）」懷思赫少校試圖由無線電與高鼎程少校取得聯絡，然而就在這個關鍵時刻，他看到灰黃色地面有一處升起了一片很小的汽油氣化景象，緊跟著就是一片短暫的黑煙。他想再仔細看清楚，地面卻又恢復到原來的模樣，彷彿沒有發生過任何事一樣。

由空中往地面看去，雖然看不出異樣，但是懷思赫少校心中知道，最糟的事已經發生！

「Lin, mark down the time and location.（林，記下現在的時間及地點）」懷思赫少校盡量以平穩的口氣吩咐後座的林保昇少校將當時的地點及時間記下。

「Snake Eye, Friday 2 here, Friday 1 is down!（蛇眼，這是 Friday 二號機，Friday 長機失事了）」懷思赫少校接著向戰管中心報告。1

「Friday 2, Snake Eye, Did you see any chute?（Friday 二號，蛇眼，你有沒有看到降落傘？）」戰管中心急著想知道失事飛機的飛行員是否跳傘逃生。

「Snake Eye, Friday 2, Negative on chute.（蛇眼，Friday 二號，沒有看到降落傘）」懷思赫少校將飛機下降到七千呎的安全高度，然後以三百浬的空速在那個區域附近盤旋，企圖尋找高鼎程少校飛機墜地的地點。

坐在後座的林保昇少校，也緊盯著地面，希望能看到飛機的蹤影，但是他失望了。在那個連地面汽車都可以清楚看見的高度，他卻看不到任何飛機的殘骸！

沒多久，懷思赫少校的油量已經到了必須返航的時候，戰管調了另外兩架 F-16 前來搜索，於是懷思赫少校將飛機拉高，對著路克基地返航。

在回飛的路上，懷思赫少校無法平復自己震驚的心情，他回想著僅僅是三個小時之前，高鼎程少校還在路克基地二十一中隊的作戰室裡，對他及林保昇少校做當天的任務提示……

那一天是這樣開始的

當天的任務是模擬空戰。高鼎程少校擔任長機，駕駛單座的F-16A，二號機是由懷思赫少校駕駛的雙座F-16B，後座是林保昇少校，僅是隨機擔任觀察，並沒有實質的任務。有教官資格的懷思赫少校雖然擔任僚機，但在這次任務中主要職責就是觀察高鼎程少校由地面提示到空中領隊整個過程中，是否達到美國空軍的標準。

上午八點十五分，兩架F-16由路克基地起飛，編隊飛往基地西北邊的訓練空域。抵達訓練空域之前，高鼎程少校依照提示時的任務程序，通知僚機預備做G力測試，於是懷思赫少校將飛機靠到長機左後方，高鼎程少校見到懷思赫少校的飛機進入位置之後，隨即向右拉了一個五個G的轉，[2]轉過去之後，他又向後拉了一個七個G的一百八十度轉彎，做完這兩個動作之後懷思赫少校向高鼎程少校報告：抗G衣確實充氣正常。[3]

G力測試結束，兩架飛機很快就進入訓練空域。當天模擬空戰的科目有飛彈攻擊與機砲攻擊兩個科目，這些都是高鼎程在國內就熟悉的科目，如今只是換了空域，並率領著一位美籍教官執行相同的任務，因此當天的任務執行得相當順暢，直到第三個回合……

報訊者

懷思赫少校在落地之後將飛機滑回停機坪，美國空軍第二十一中隊的中隊長安督那中校（Lt. Col. Javier Antuna）及中華民國空軍駐路克基地的領隊胡中華中校，都已在停機坪等候。林保昇少校跨出駕駛艙，由登機梯爬下飛機時，激動的心情使他渾身一直顫抖著，在下機後他注意到懷思赫少校在摘下飛行盔時，眼角有著淚水。

依照美軍的慣例，如果有超過一人以上目視意外事件，就必須分開詢問有關意外發生的經過。於是回到作戰室之後，懷思赫少校與林保昇少校兩人就被帶到不同的房間，由專人來詢問他們所看到及瞭解的經過。

在懷思赫少校與林保昇少校兩人接受專人詢問的同時，安督那中校及胡中華中校兩人正準備前往高鼎程少校的住處，將這不幸的消息告訴他的家人。這種事對任何人來說

高鼎程全家福，背景那架飛機就是他失事的飛機。（圖／吳宇雯提供）

都是極為困難的，尤其是高鼎程的太太兩個多月之前才剛為他生了一個兒子，全家還籠罩在幸福的氣氛之中，而他們就是要前去將這令人心碎的消息，用最直接的方式告訴他的家人。

胡中華中校在出發之前，又找了幾位與高鼎程少校熟識的同僚一道前往，這樣如果高鼎程的家人聽到這個消息一時無法接受而有任何狀況發生時，可以有熟人及時提供援手。

高鼎程的母親彭菊英女士當時剛好在美國，她是在媳婦生產之後，前來美國探望兒子全家，尤其是新生的孫子。待了一個月之後，她預備就在那個週末回國。那天上午她就在家裡整理行囊。

上午十一點左右，彭菊英正要去廚房準備中餐，這時門鈴響了。她轉身走到門口打開大門，看到二十一中隊的美籍隊長及胡中華中校帶著幾位隊上的飛行員，穿著飛行衣站在門口，一股不祥的念頭立刻湧上心頭。她從來沒有住過空軍眷村，不瞭解長官突然站在門口所代表的意思，但是她知道在上班時候，這些人不會沒事到家裡來串門子。

彭菊英客氣的請他們進屋裡，高鼎程的妻子吳宇雯那時正抱著剛滿兩個月的嬰兒由臥室裡走出來，當她看到那些人時，一開始完全沒有意會過來，還很開心跟他們打招呼，以為他們是來看剛生的嬰兒。但是那幾人臉上嚴肅的表情，很快就讓她驚覺到一定是有事情發生了。

「伯母，鼎程的飛機……」胡中華中校說到這裡，一時不知如何繼續說下去，而彭菊英聽到這時，立刻插話問道：「鼎程的飛機怎麼了？」

「……他的飛機……他的飛機……失聯了……」胡中華實在無法將那殘酷的事實毫無掩飾的說出。即使如此，彭菊英聽了之後，一陣暈眩幾乎無法站穩，胡中華一把就將彭菊英扶著，沒讓她倒下。

「失聯了？失聯了？你們有沒有去找啊？你們趕快去找啊……」彭菊英盡量穩住自己的情緒。「失聯」對她來說，僅是「失去聯絡」而已，情況應該並不是太糟。

「會的，會的，我們已經派出了很多飛機去找，一有消息會立刻向您報告。」胡中華說著，那時他也注意到了站在一旁的吳宇雯，她抱著孩子站在那裡，似乎無法完全理解胡中華與她婆婆之間的對話，她只是一直輕聲問著：「怎麼會這樣？怎麼會這樣？」

「宇雯，我們還在找，一有消息我就會來告訴妳們。」胡中華輕輕地拍著吳宇雯的背說著。

那幾位二十一中隊的隊員在高家短暫的停留後就告辭離開。臨行前胡中華中校一再對她們表示，一有消息會馬上通知。

那些人離開之後，彭菊英立刻拿出手機，利用 Line 與在台灣的先生聯絡，在這個時刻她必須有一個強而有力的肩膀來支持她即將崩潰的心情！

這時在台灣……

在地球另一端，清晨三點的苗栗後龍鎮，正在熟睡的高青淋被 Line 的鈴聲吵醒，他在迷糊中打開手機，然而手機中所傳來的第一句話「鼎程的飛機失聯了！」就將他的睡意完全驅走。身為一個飛行員父親最擔心的事，就在此時發生。

高青淋雖然著急，但是他卻很鎮定地安慰妻子，告訴她失聯並不是很糟糕的事，以目前科技這麼發達的時代，尤其是在美國，應該很快就能找到失聯的飛機，因此要她不要太緊張。不過，在收線前他交待妻子，有任何進一步的消息，要立刻通知。

關掉手機之後，高青淋立刻將大女兒安勤喚醒，簡單地將消息告訴她，之後自己就穿上衣服到一樓客廳的神龕前面跪下，祈求神明護佑高家這唯一的血脈。

高安勤在睡夢中被叫醒獲知這個消息，也是睡意全消，她立刻起身打開電腦，前往路克基地的網站查看，看看有沒有官方發表的消息。然而她失望了，路克基地的官網中，並沒有任何有關 F-16 失聯的消息。網站上雖然沒有相關消息，她卻看到了基地公關辦公室的電話號碼，於是她立即打電話到那裡去詢問，接電話的女士官先是很驚訝竟然有人由台灣打電話到那個辦公室，但也很婉轉地表示沒有進一步的資料可以提供。

高安勤打完電話之後，也隨著父親在神龕前跪下，拿起佛經虔誠敬誦，希望神明保佑她最親愛的弟弟。

跪在神龕前面的高青淋，眼睛注視著神像，心中卻想起了許多鼎程成長的故事。他記得鼎程小時不愛唸書，花在電玩上的時間與精力超過課業的幾倍，但是作為父親的他並沒有太在意。他覺得只要不入歧途，能做個正直的人，其實從事哪個行業都一樣，讀書固然重要，但不是唯一的出路。

不料到了高三上學期，高鼎程突然像是脫胎換骨般的開始讀書，學校的成績單也反映了他用功的結果。高青淋後來才知道，原來他是在學校裡聽了空軍官校招募學生的專題演講之後，決定要參加空軍，做一名捍衛領空的空軍飛行員。高鼎程那時知道，要能順利進入空軍官校，就必須通過入學考試，而用功唸書是通過考試的唯一路徑。

高鼎程的努力沒有白費，他順利通過了空軍官校入學筆試。高青淋趁著開車送他前往台北復興崗參加口試時，告訴鼎程，父親很欣慰他能找到自己的興趣，並靠著本身的努力進入空軍官校，他絕對會支持他這個因興趣而引起的志願。

高青淋會這樣說是有原因的。因為當鼎程要進空軍官校的消息傳開之後，不但許多親友前來勸阻，就連高青淋自己的父親也出面阻擾，大家不明白他為什麼要將自己的獨子送進軍隊，尤其是加入的軍種，是風險極高的空軍飛行兵科。

對於這些善意的勸阻，高青淋很有耐心的向他們解釋，當軍人並沒有什麼不好，不但是一份正當職業，更是一份很有意義的職業。這是他自己在海軍陸戰隊服役時的體會。他一直認為自己的軍中歲月，是他此生最值得懷念的一段日子，他真覺得自己在陸戰隊時的所作所為，對國家有所貢獻。

至於飛行的風險，高青淋會用或然率向大家解釋，飛行的安全性其實比汽車及摩托車要高出許多。他自己駕著卡車、遊覽車工作那麼多年，都沒有出過什麼意外，所以他對鼎程參加空軍其實是非常放心。因為事實證明飛機意外的機率是小於百分之零點零一。

跪在神龕前面的高青淋，突然意識到意外的機率再小，總是會發生。沒想到自己的兒子就是在那最小機率中的一位！

他說下了班就會回來

在鳳凰城郊區的小公寓裡，彭菊英雖然經過丈夫的安慰，心情有些緩和，但是在沒有見到兒子之前，緊張疑慮的心情始終無法放鬆。吳宇雯抱著小嬰兒站在窗前，看著窗外的世界，心中思慮完全無法集中。她似乎不確定發生了什麼事，她甚至想著晚一點鼎程下班回來，她要好好地問他一下，到底發生了什麼事？她想起就在幾個鐘頭之前，高鼎程離開家前，還像往常一樣的就在門口與她吻別，並說下了班就回來。

「好，下了班就回來，我就在這等你回來！」吳宇雯心中想著。

下午一點鐘，門鈴響了，吳宇雯急急趕去開門，她看見胡中華、高東安及另外兩位高鼎程的同僚站在門外。

「找到了嗎？找到鼎程了嗎？」吳宇雯急著問道。

「誒，還沒有找到……」其實胡中華知道飛機已經墜毀，墜機的地點也已確認。只是看著臉上充滿著驚恐與期望表情的吳宇雯，他實在無法開口。空軍教了他許多東西，但就是沒有教他如何將這種噩耗傳達給失事者的家人！

站在旁邊的彭菊英，看著那幾位年輕軍官臉上惶恐的表情，差不多知道是怎麼一回事了，她一時無法面對這樣的結局，整個人就順著沙發，癱了下去。高東安立即向前扶住彭菊英，並對著她說：「阿姨，我們還在找，一有消息我們就會立刻通知您。」他稱呼彭菊英為阿姨，是因為他的岳母是彭菊英的表妹，兩人是真的有親戚關係。

這次，胡中華等人因為不知如何啟口，因此只停留了很短的時間，就告辭了。

在那群人走後，彭菊英看著躺在沙發上的孫女及在媳婦懷中的孫子，心中不由自主地再度祈求後龍老家附近慈雲宮祭拜的天上聖母媽祖，希望媽祖能庇護高鼎程安全歸來。大家不都說媽祖是會護佑行船走馬的人嗎？

高鼎程曾是讓彭菊英頭疼的孩子，學校的課業從來引不起他的興趣，他會花時間去研究電玩的操作程序，卻不願意花時間去看學校的教科書。他高一時經常到網咖打電玩，學校通知家長後，讓彭菊英非常生氣。她也曾將鼎程關在房裡，並問他到底是要唸書還是要去網咖打電玩，沒想到鼎程竟然坦率的說，就是要玩電動遊戲，這實在讓當母親的彭菊英相當無奈。

就在彭菊英對鼎程的前途感到憂心的時候，有一天鼎程突然告訴母親，他在學校裡參加了空軍官校的招生活動，對官校所提供的課程及飛行訓練非常有興趣，希望能有機會參加空軍，成為空軍飛行員。因為家族中從來沒有人當過職業軍人，更沒有人當過空軍飛行員，所以彭菊英對空軍官校是完全陌生。不過她知道要當飛行員，一定要有相當的學問與知識，如果鼎程真想進入空軍官校，就必須認真唸書，因此彭菊英那時是非常贊成鼎程去參加空軍。

然而，現在想來，彭菊英不敢確定當時讓鼎程進入空軍到底是不是個正確的決定。

媽，我先睡了

下午三點時，美籍隊長安督那中校、胡中華、高東安及另外兩位高鼎程的同僚再度前去高鼎程的公寓。他們幾人進到客廳之後，胡中華面色沈重地對著彭菊英及吳宇雯說：「伯母、宇雯，我們有不幸的消息要告訴您，鼎程的飛機在今天上午的訓練任務中失事……」胡中華強忍著本身的悲痛，將飛機失事的消息正式告訴彭菊英及吳宇雯。

「飛機失事了？飛機失事了！那……那……那鼎程……？」彭菊英問道，她遲遲不願意去面對那殘酷的事實。

「鼎程……鼎程……他不會回來了。」短短的一句話將彭菊英完全擊潰，她心中最後一絲希望在雯那間破滅。她覺得胸口彷彿被重物壓著喘不過氣來，胡中華似乎還在說著什麼，但那對她已經沒有任何意義了。她看著咖啡桌旁放著的那隻黏著一架小 F-16 的教桿，想著就在昨天晚飯之後，高鼎程坐在沙發上拿著那支教桿，模擬著今天飛行時該做的動作，他說今天帶飛的教官是一位很厲害的飛行員，跟他一起飛行會學到許多東西，因此要好好的準備。晚上九點半，他就對正在看電視的彭菊英說：「媽，我先去睡了，明天要早起。」那是她最後一次見到鼎程，沒想到母子兩人今生的緣分，就在那一刻走到盡頭！

吳宇雯抱著還不滿三個月的嬰兒，茫然地站在那裡，眼淚如決堤似的奪眶而出，她實在不敢相信早上五點的道別，竟成永訣！

帶他回家

彭菊英在極度悲傷下仍然記得古老的傳統，她向胡中華表示要去失事現場招魂，要將鼎程的魂魄帶回家，帶回台灣，不能讓他孤零零的漂泊在亞利桑那州的荒郊野外。

胡中華深知這個傳統對家人來說是多麼的重要，因此當場就答應了。只不過墜機地點距離基地有七十餘哩（一百一十公里左右），而且最後一段是在私人農場裡，沒有路可以讓車子直接開到現場，美國空軍的工兵部隊正在開路，所以當天是不可能前往。不過他認為第二天就該可以成行，他會請中隊派出一輛車及安排同僚陪同前往。

陸續的有幾位鼎程同僚及他們的妻子前來慰問及陪伴。雖然遽失親人的痛楚是很難撫慰，但是那些人的陪伴，卻讓悲痛的時光較容易渡過。

遠在太平洋彼端，跪在神龕前面的高青淋，在那時也接到了彭菊英由美國傳來的噩耗。他一時忍不住就在神龕前痛哭失聲，那是高家的血脈，他的骨肉啊！

高青淋隨即恢復了他慣有的鎮定，他再對著神龕的神明叩了幾個頭，這次是祈求神明能帶著高鼎程順利前往西方極樂世界。然後他站起來，轉身面對大門，他知道有許多事等著他去處理，其中最重要的，就是將高鼎程帶回來。

當天全台灣的媒體都以最顯著的方式，報導高鼎程在美國飛行殉職的事，後龍高家頓時成為新聞焦點。當地的立法委員辦公室很早就派人前來慰問，空軍四五五聯隊的黃志偉少將聯隊長，也在當天中午由嘉義趕到後龍向高青淋致哀，並表示空軍預備在一、兩天之內就送他及家人前往美國為高鼎程處理後事。黃將軍還特別交代兩位隨他前去的軍官，這幾天就留在後龍，隨時協助高家處理出國事宜。

在鳳凰城這邊，第二天一大早高東安就抵達高鼎程的公寓。他告訴彭菊英，隊上已安排好當天下午派一輛車帶她們前往失事地點招魂。

彭菊英根據自己的印象，招魂時需要帶著亡者的衣物，因此她請吳宇雯找出一件高鼎程的襯衫，準備了香燭及一些鼎程平時喜歡吃的麵包，作為招魂時的祭品。吳宇雯在準備麵包時，突然想到失事前一天晚上，自己曾用同樣的麵包替丈夫準備第二天的早餐，怎知現在這個麵包竟成為高鼎程的祭品！

下午三點左右，彭菊英及吳宇雯兩人隨著高東安進入基地，當他們進到二十一中隊的作戰室時，立刻看到了一幅高鼎程放大的相片，這又讓兩人悲從中來，該是高鼎程在這裡招呼她們啊，怎麼只是一張冰冷的相片呢？

美籍中隊長安督那中校將她們兩人請到辦公室後，向她倆表示因為自己及胡中華兩人都有一些事必須處理，無法陪同她們前去墜機地點，但是他們已安排鼎程的同期同學潘震少校及幾位美軍飛行軍官，陪同她倆前去。

彭菊英只想趕快前去，由誰陪同是完全沒有意見。她禮貌性地向隊長道謝之後，立刻起身，隊長也起身護送她們走出中隊作戰室，搭上軍方所安排的車子。

車子離開基地之後，先是沿著60號公路往西北方開，半個鐘頭後轉入93公路繼續往西北方前進。吳宇雯看著車外的景像，想著以前高鼎程在週末帶著她四處遊玩的情景，停了一陣子的淚水再度泉湧而出。

她想到當年自己在屏東念研究所的時候，高鼎程也剛由空軍官校畢業，在台東志航基地的部訓隊受訓，她不但每個週末都盡量找機會去台東與他相見，有時還會在下午從屏東跑去台東，就是為了能與他共進晚餐。那時高鼎程已有意願爭取日後到美國受訓的機會，因此兩人在約會的時候，許多時間是花在替他補習英文。而高鼎程也確實很用心的研習英文，日後他不但順利通過了前往美國受訓的英語測試，剛到美國時，所有非英語系外籍軍官都必須經過的三個月英語訓練班，高鼎程卻在一個月之後就通過考試結業。當時有朋友說那是「愛情的力量」才能讓他成為所有中華民國空軍受訓軍官中，極少數在一個月就完訓的軍官。然而誰也沒想到，美國這個讓他夢想成真的地方，竟也成了他魂歸天國之處，而陪伴與支持他圓夢的至親們，竟成送行者。

在93號公路上又開了二十多分鐘，車子轉入一條小路，路旁有一輛美國空軍的車子停在那裡，開車的美籍士官對潘震說他們已經進入私人農場，他們車子所行駛的便道，就是工兵臨時開拓的。

車子駛入了私人農場的範圍，還開了將近半個小時才接近墜機地點。美籍駕駛將車子停在一處平坦的地方，向大家說明不能再繼續前進，因為飛機砸到地面時撞出一個大坑，殘骸加上險惡地形，不適合一般人進入，因此只能在封鎖線外遙望。

在墜機現場工作的一位美軍走過來，在知道彭菊英及吳宇雯是失事飛行員的家屬之後，向她

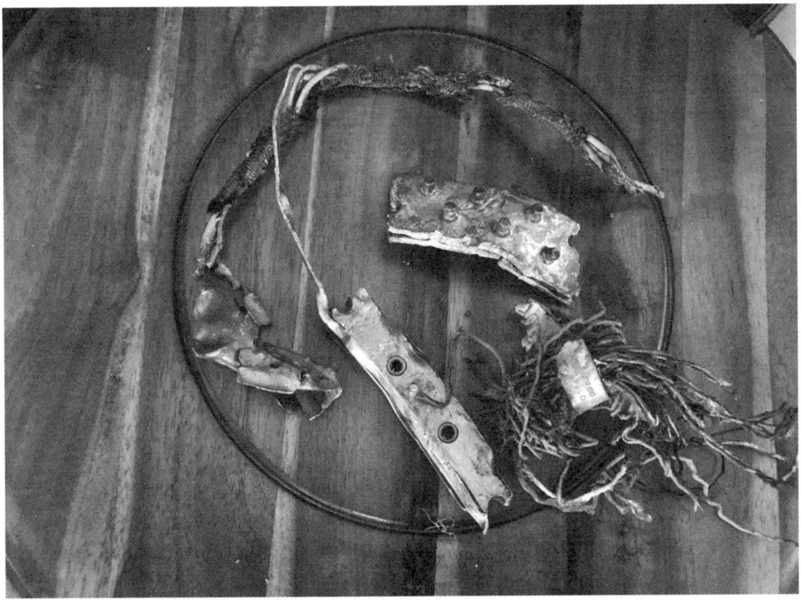

失事現場找到的飛機殘骸，都已因為巨大的撞擊力而成為很小的碎片了。（圖／高鼎程家屬提供）

倆說：「I am sorry for your loss.（對於妳們失去親人一事，我深感遺憾）」彭菊英請潘震問那位工作人員，有沒有找到高鼎程的屍骨，其中最大的一塊是多大？她要看一下。

對於彭菊英的這項請求，那位工作人員似乎有些吃驚，不過他沒說什麼就轉身往封鎖線內的墜機處走去。幾分鐘之後，他手中拿著一些東西走了回來，那是一些飛機的碎片及幾片有燒過痕跡的布質徽章與名牌。彭菊英及吳宇雯兩人一看到那個徽章及名牌就立刻痛哭失聲，因為她們認出那是縫在高鼎程飛行衣上的。那位工作人員隨即將幾片碎片給她們看，並告訴他們連金屬所製的飛機都已摔成那麼小的碎片，因此所能找到的大體實在不多。

看著那些燒過的布質徽章、名牌及飛機的碎片，彭菊英能想到的只是「粉身碎骨」這幾個字！她實在無法想像自己最親愛的兒子最後竟是這樣的結局。不過，唯一可以安慰的就是他在最後那一霎那並沒有經歷太久的痛苦。

彭菊英不知道招魂的確實方式，僅能按照自己的想法，將鼎程的衣服拿出，對著墜機處的方向揮動，並開始呼叫「鼎程跟媽媽回家吧！」在場的幾位美軍軍官不瞭解這個習俗，但是看著嬌小的彭菊英在日落風沙下的身影，及那哭聲似的吶喊，無不動容落淚。

在那裡待沒多久，太陽就落下地平線，就在大家要登車往回走時，已經哭得不成人形的吳宇雯突然表示，她要留在那裡陪高鼎程，因為已經讓他一人在那裡過了一夜，她不能讓他再孤獨地在荒郊野外再過一夜。

彭菊英走到吳宇雯的身邊，輕聲地告訴她，高鼎程絕對不會讓她這樣做。聽到這話之後，吳宇雯更是難過，是的，那麼疼她的高鼎程是絕對不會讓她一個人，在荒郊野外的沙漠過一夜。但是，他怎麼忍心讓她孤零零地帶著兩個失去父親的孩子待在世上呢？

心中雖然如刀剮般的悲痛，但是由失事現場回來之後，吳宇雯瞭解，悲傷改變不了高鼎程失事的事實，再多的眼淚也不會將高鼎程喚回。她壓住自己的情緒，去辦理銀行帳戶關閉、汽車過戶、房屋退租等雜事，那些事雖然瑣碎，但卻只有她才有資格及權利去處理。處理這些事時，她冷靜到沒有流下一滴淚珠。

當吳宇雯到鳳凰市政府去辦高鼎程的死亡證明時，突然想到兩個多月之前，她也曾與高鼎程一同在這裡辦過兒子的出生證明。如今看著同一個單位所發出的兩張證明，頓時讓她感覺到生命的延續及無常，她必須堅強，為了鼎程也為了他們的一對兒女！

意外事件發生後的第三天晚上，高青淋、高安勤及吳宇雯的父母在一位剛由路克基地完訓回國的陳昱帆少校陪同下，由桃園機場搭長榮航空公司的班機前往美國。

高青淋在幼年時候，美國是個可望不可及的地方，他連做夢都不敢奢想有機會能去美國。即使在他由軍中退役，開始擔任卡車司機的工作，他也是只想如何能多跑幾趟車，多存一點錢，讓他的家人過上好一點的生活，美國對於他來說仍是一個非常遙遠的國度。

一直到高鼎程被派到到路克基地受訓，高青淋才有機會在二〇一五年的端午節帶著妻子到美國探親。那是他生命中的一個高峰，因為在十餘年前一直讓他頭疼的獨子，竟然有機會能被國家派到美國來駕駛空軍最先進的戰鬥機，他覺得那是上天的護佑，因此他是懷著感恩的心來到美國。

那次在美國旅遊期間，最讓高青淋印象深刻的就是路克空軍基地。高鼎程帶著他們到基地內參觀時告訴他們，這個基地比家鄉後龍鎮還要大，而且當時路克空軍基地已被美國空軍規劃成重點基地，最先進的 F-35 戰鬥機就部署在這裡，因此即使是美國人都不見得有機會進入到基地，見到如此先進的戰鬥機。當時，順著高鼎程手指的方向，高青淋看到一批排列整齊的 F-35 停在那裡，雖然他對飛機沒有任何概念，F-35 與 F-16 對他來說都是先進的戰鬥機，但他知道 F-16 是我國最先進的戰鬥機，自己的兒子被國家派來美國的重點基地受訓，這是足以讓任何父親引以為傲的。

想到這裡時，高青淋突然意識到自己會為獨子的犧牲感到難過，其實他更應該為高鼎程為國家所做的一切感到驕傲，因為他是高家的子孫，國家的菁英。

長榮班機在洛杉磯落地，我國外交部駐當地的經濟文化辦事處官員在機場替他們打點了所有入關及轉機的事宜，他們更商請了洛杉磯佛教西來寺的幾位法師，與他們同機前往鳳凰城，預備在墜機地點為高鼎程做法事，這更使高青淋感到國家對高鼎程的重視。他們一行人很快就轉搭西南航空公司的飛機前往鳳凰城。

西南航空公司的飛機在夜色中逐漸接近鳳凰城，高青淋看著窗外夜空，想著鼎程曾駕著 **F-16** 在這裡的天空中穿梭，心中突然感覺離他好近。他將臉靠近窗戶，望著黑暗的夜空，心中喃喃地說著：「鼎程，爸爸來帶你回家了。」

那天晚上在鳳凰城降落之後，高青淋已是超過二十多小時沒有真正闔眼休息，疲憊的他搭車進入高鼎程住處的社區，幾個月之前的中秋節時分，他在這裡小住的情景又浮上心頭，頓時心中那股悲傷情緒再度經由淚水發洩，「鼎程，爸爸來了，你怎麼沒出來接我？」

勇士的手鍊

在台灣的家屬抵達鳳凰城的第二天，二十一中隊就安排了幾輛車子，帶著大家前往墜機地點進行祭拜法事。美籍隊長安督那中校與失事當天的教官懷思赫少校及許多美籍軍官也隨同前往，美國空軍考量到家屬也許會過度悲傷，因此也安排了一位醫官同行。

在墜機地點附近，法師們設了一個臨時供桌祭台誦經超渡亡魂。高東安聽著那陌生的經文，再看著那一縷裊裊直上的香煙，想著就在不遠處折翼而去的遠房表弟：高鼎程是一位那麼認真的軍官，就在幾個月之前，他因為眼疾，被美國航醫指示暫時停止飛行勤務，因此他錯過了一個全隊轉場到另一個基地的演習。那段期間隊上除了文職人員之外，沒有任何隊員，因此高鼎程大可不必到基地上去上班，但是他卻仍然很敬業的每天進入基地，到隊上的作戰室去研讀飛機的技令。在他眼疾好轉，恢復空勤之後，因為進度落後，本應就此回國，等待下一個班次，但幾位美籍教官卻聯名保他，認為他可以趕上進度，不必等下一個班次。然而，他就在後續的訓練中失事犧牲……

超渡法事做完了，高鼎程的姊姊高安勤拿出由台灣帶來的招魂幡及兩枚硬幣，開始照著離開台灣前，後龍老家附近道士所教她的禱詞默念，請高鼎程跟著大家回家，不要自己在異鄉遊蕩。禱詞唸完後，就開始擲筊，要連續擲得三個聖筊（一正一反表示同意），才表示鼎程同意回家，但是投了幾次之後，就是無法得到連續三個聖筊，而每一次失敗後，都必須重唸一次禱詞後才可再次擲筊，因此花了許多時間。在這個過程中，彭菊英因為傷心過度而昏厥，隨行的醫官在照顧她時，將自己手腕上的一個手鍊拿下來替彭菊英戴上，並告訴她在他們的習俗中，這手鍊只有勇士（warriors）才能配戴，他希望這個手鍊能給彭菊英帶來勇氣。

高青淋看到多次擲筊都無法順遂，又見到自己的妻子昏厥，因此向高安勤建議能擲出兩次聖筊就好了。但是高安勤無法同意，她哭著向父親表示，怎麼能將弟弟留在亞利桑那州的沙漠裡？於是繼續投擲，執意要連續擲出三個聖筊才離開。高鼎程的同僚們也在現場大聲呼喊：「高鼎程，跟我們回去吧。」

高安勤在每次唸禱詞時，也在心裡向弟弟做親情的呼喊，終於在二十多分鐘之後，得到三個聖筊。

回家！高鼎程要跟著親人們回家了！

殞落隊形

雖然高鼎程是中華民國空軍的飛行員，但美國空軍對他的喪禮卻完全比照美國軍官辦理。

一月二十九日下午，美國空軍在路克基地為高鼎程舉行追悼儀式，由基地的軍中牧師祝禱，參加人員除了路克基地各單位主官，二十一中隊全體中華民國籍及美籍人員，鳳凰城僑胞多人之外，美國空軍部長也派代表參加。我國方面則是由駐美軍事代表團團長楊大偉少將、空軍武官何振翔上校及駐洛杉磯辦事處副處長王秉慎與劉立欣組長等人參加。

儀式進行到一半時，四架F-16在四點二十一分準時編隊進入基地上空（因為是二十一中隊，所以特別規劃在二十一分），通過儀式現場的時候，其中一架飛機快速的爬高離去，使原本四架編隊的隊形頓時出現一個缺口，代表著高鼎程的一去不返。這就是美國空軍為紀念殞落同僚，在喪禮中的傳統「殞落隊形」（Missing Man Formation），當天那四架飛機中有一架是由高鼎程的同學所飛，他在座艙中帶了一面青天白日滿地紅的國旗。

追悼儀式中的最後一個程序是「點名」，由二十一中隊隊長安督那中校對中隊所有軍官點名，每位被點到名的軍官都高聲回應，最後點到高鼎程時，無人應答，全場一片安靜。安督那中校再度喊出「高鼎程！」仍是一片寂靜，最後一次中隊長幾乎是以哭嚎的聲音喊出「高鼎程！」時，全場只聽到低聲啜泣的聲音，高鼎程是不會再回應了。

一位美軍號兵吹起「安息號」，在那風中迴盪著的悲傷曲調中，一位美軍軍官將覆蓋在高鼎程骨灰罈上的美國國旗交給家屬，代表美國空軍對這位中華民國空軍飛行員的永恆懷念。接著，那位剛才參加「殞落隊形」的中華民國空軍軍官在落地後趕來，也把剛才隨著他飛行的那面中華民國國旗交給家屬，代表國家會永遠記著高鼎程為國家所做的終極奉獻。

儀式結束後，在當地警方的重型機車、警備車隊前導下，高鼎程的骨灰隨著家人搭車離開路克空軍基地，那時路克基地大門口的巨石已漆成金色（高鼎程的呼號是 Gold，即「金」之意），並鐫刻高鼎程的呼號，以示永誌不忘。

烈士回家了，帶著家人們的眼淚……

後記：根據高鼎程飛機上的飛行記錄器（CSFDR, Crash Survivable Flight Data

Recorder）顯示，飛機在失事時所有機件都運作正常，沒有故障情形。因此，美國空軍判斷高鼎程是在飛機進入大 G 情況時，進入高 G 昏迷（G-LOC，G-force induced loss of consciousness，這是因為在高 G 情況下，大量血液流向飛行員的下半身，造成腦部缺氧而昏迷的狀況），導致飛機在無人操控下墜毀。

為了避免同樣的事故再度發生，F-16V 型上即將配置 Auto GCAS 系統（Automatic Ground Collision Avoidance System，自動防止撞地系統）。當飛行員昏厥之後，這個系統感應到原先緊握駕駛桿的手已經失去力量，如果二十秒後或是即將撞地之前，飛行員都還未重新掌握飛機，防撞系統就會自動將飛機改成平飛。這是由血的教訓中得到經驗後所做的改進。

這個改進的代價何其昂貴！

1 Snake Eye是路克基地的戰管代號。

2 任何物體在快速前進時，如果突然改變方向，在重力加速度的影響下，會產生G力（Gravitational Force）變化，5個G就是原本的重量變成五倍之多，例如：原本一公斤重的頭盔戴在頭上，不會覺得重，但在5個G的情況下，就變成五公斤重，那時戴在頭上就會很難過了。

3 在G力影響下，體內的血液會衝向下半身，導致腦部缺氧。抗G衣的構造與量血壓的環套相同，是一種穿在腿部的衣物，有一條通氣管接到飛機上，在飛機產生G力的時候，飛機會自動將抗G衣充氣，將腹部、腿部等下半身夾緊，防止血液衝向下半身。

第6章

軍機降落與那國

邱垂宇中校

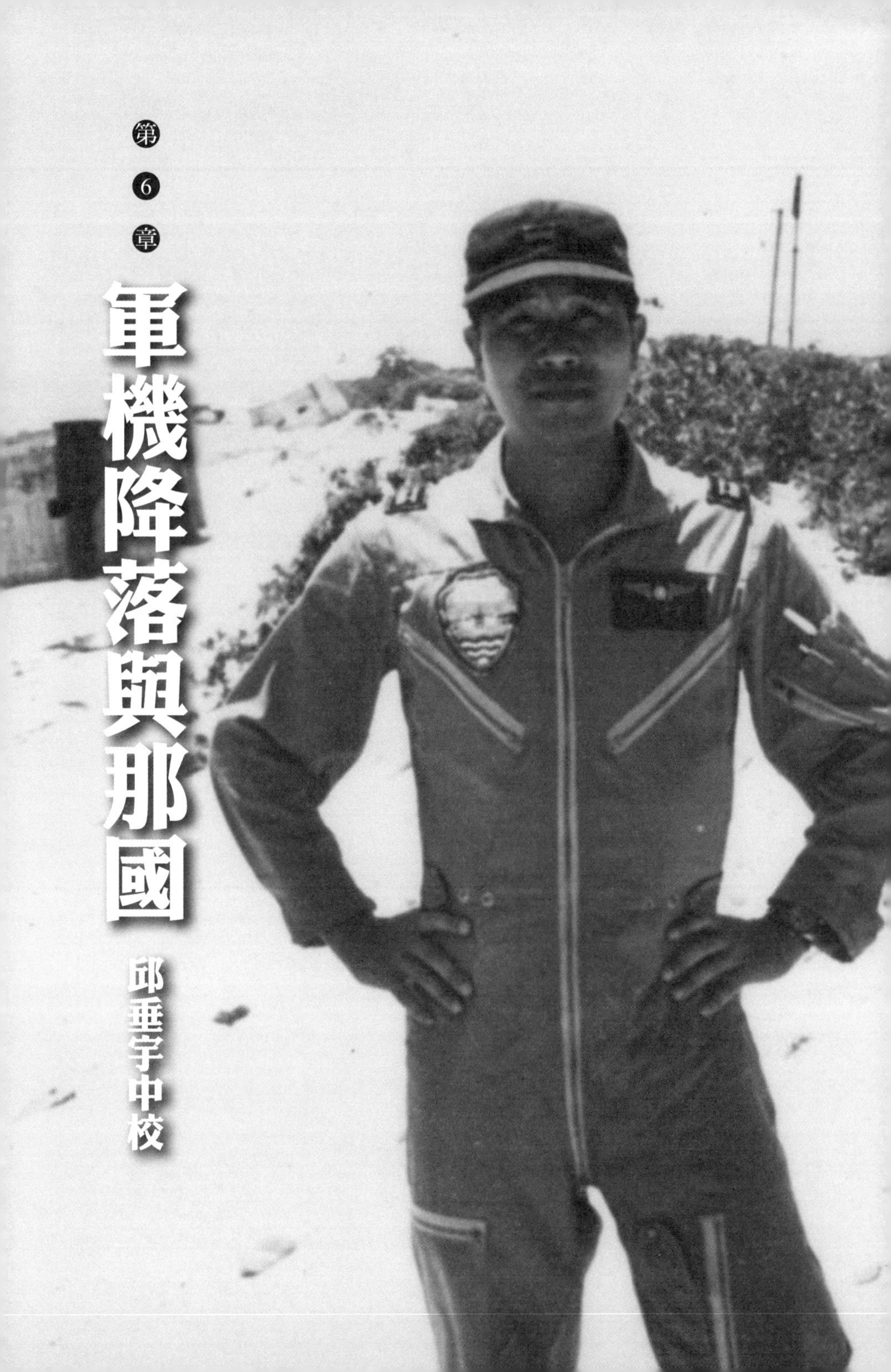

小學時候唸地理課，學到我國最南邊的領土是「曾母暗沙」，當時看字面思意，以為那個地方與一位姓曾的人的母親有關，而年少期間凡事不求甚解的我，根本沒想去瞭解什麼是「暗沙」。

初中期間再度看到這個名詞，我才瞭解「暗沙」原來是在海平面以下的礁岩，在海面上是根本看不見的。至於「曾母」，則是由英文「James」音譯而來，因為曾母暗沙的英文名字是「James Shoal」。

雖然知道了那幾個字的意義及由來，但我還是沒搞懂：政府如何將一個終年在海面以下的礁岩，宣稱為領土？因為根據我自己的想法，領土必須是有可供人站立的土地。不過，天性愚蠢的我，搞不懂的事何止這一件，因此，如果有人問到我國領土的最南端是哪裡，我還是會照著課本上所寫的回答說：「曾母暗沙！」

根據我對「領土」的定義，我國最南邊的領土該是「太平島」，因為那裡不但有可供人居住的土地，民國八十九年之前我國更曾派海軍陸戰隊在那裡駐守，之後則由海岸巡防署派人駐守，因此，那裡的主權是很清楚的。

面積僅有零點五平方公里的太平島，雖然有部隊駐守，但是與外界的交通非常不方便。在飛機場於民國九十六年竣工之前，對外的唯一交通工具就是海軍的艦艇，而軍艦由左營出發，單程要三天多的時間才能抵達太平島。因此，萬一島上有人有重病或是受傷，需要緊急送醫的話，就會是相當令人頭疼的問題了。

千浬遠航太平島

民國六十四年四月十七日，島上的駐軍在操練的時候發生意外，兩位戰士受傷，島上僅有的一位醫務兵給那兩位受傷的戰士緊急包紮後，發電報將情況報給台灣的海軍總部，要求盡快將兩位傷者送回台灣接受治療。

海軍總司令部得到消息，覺得派軍艦前往接運傷患在時間上緩不濟急，因此立刻向聯合搜救中心申請，要求空軍派出水上飛機前往太平島，將傷患緊急接回台灣就醫。

這種十萬火急的救援任務很快就被批准，並在最短期間內就下令位於嘉義空軍基地的救護中隊派出一架水上飛機前往太平島。

救護中隊的隊長何開文上校接到命令，立刻指派當天擔任待命警戒的 HU-16 水上飛機組員準備出發。由於太平島距離台灣有一千浬之遠，無論是對領航或飛行來說都具有相當的挑戰性，因此隊長除了多派了一位領航員之外，更要求副隊長馮方俊中校隨機前往。

那架編號 1022 的 HU-16 於四月十七日下午一點，也就是接到命令的三個小時之後，由嘉義機場起飛，對著南海方向飛去。

在不加油的情況下，HU-16 可以由台灣直接飛到太平島，但是太平島上沒有設備可以替水上飛機加油，因此往返時都必須在菲律賓的克拉克美軍基地降落加油。問題在於，水上飛機在夜間不能落海，所以在去程時必須要先在克拉克基地過一夜，四月十八日黎明前再由克拉克基地出發。這樣在太平島接了傷患之後，就可以在當天晚上回到台灣。

然而真是人算不如天算，四月十八日下午救護中隊接到由克拉克基地傳來的消息，當天上午那架 HU-16 抵達太平島時，當地海象太糟，風浪過大致飛機無法落海，只好折返克拉克基地，預備第二天清晨再去。沒想到飛機在飛返克拉克基地的途中，左副油箱竟發生漏油，如果不能找到另一個副油箱，或是即時將那個漏油的副油箱修復，那麼將無法繼續執行任務！

增援出發

當天救護中隊接到消息時天色已晚，中隊長何開文上校決定派邱垂宇中校在第二天（四月十九日）清晨率副駕駛陳威上尉、領航官胡立如上尉、通訊官張鏞鎗上尉，及機工長李彩芙等五人駕另一架 HU-16（機號 1023），帶著地勤修護人員及工具前往克拉克基地去支援馮方俊中校的那架飛機。

邱垂宇是一位經驗相當豐富的飛行員，他官校畢業後先在二十大隊飛 C-46 運輸機，參加過八二三炮戰的金門空中運補，後來調到救護隊中隊，又取得 HU-16 水上飛機機長資格及 H-19 及 UH-1H 兩種直昇機的副駕駛資格，參與過不少救難任務。民國年六十年他被派到黑蝙蝠中隊，前往越南駕 C-123 運輸機執行南星三號任務，在那裡深入北越，參與過不少艱鉅的作戰任務。民國六十一年由越南回國之後，再度被派到救護中隊任職。因此他不但飛過的機型要比救護隊中其他的人要多，飛行時數在隊上更是數一數二。

出發前隊長何開文上校特別將邱垂宇中校找來，當面告訴他，如果要在當地海面降落，絕對要當心。隊長強調並不是不相信他的技術，而是對飛機沒有多大信心，因為 HU-16 機齡已老，已經很久沒有在海上降落，而水上飛機在海面降落時，機身與水面接觸時，會產生相當大的撞擊力，萬一機身無法承受瞬間所產生的應力而破裂，那就麻煩了。

邱垂宇中校立刻瞭解隊長的意思，於是他向隊長保證不會發生那種麻煩的事，隊長很高興的笑了笑。

在飛往克拉克基地的途中，邱垂宇想著隊長對他所說的話，他知道隊長一方面希望儘早將病患接回台灣，一方面也惦掛著隊員的安危，這使他相當感動。因為在自己的階層想著的只是如何完成上級所交付的任務，而沒想到其它的方面。

邱垂宇想著這個任務，一面回想起了幾年一次前印象非常深刻的跨國救難經驗……

不是澎湖，是與那國島

那是民國五十七年一月四日，邱垂宇在新竹基地擔任救護待命任務時所發生的事。那天上午十點左右，他接到聯合搜救中心的命令，要他立刻起飛前往澎湖群島附近搜尋因為低油量而在一個小島上迫降的兩架 F-86 軍刀機。

邱垂宇本想問清楚到底是哪個小島，但是馬上想到還是先起飛再說，到空中之後再問不遲，因為救難的行動分秒必爭。

HU-16 由新竹基地起飛後，邱垂宇立刻調轉機頭向澎湖方向飛去，就在爬高的時候，通訊官曾迪中竟然在 HF 無線電中收到沖繩搜救電台的廣播。那個英語的廣播不是很清楚，有相當濃厚的日本口音，但依稀可以辨識是說有「兩架不明國籍的飛機在與那國島迫降」。因為他們正在前去搜救「兩架迫降的飛機」，於是曾迪中立刻向機長邱垂宇報告此事，邱垂宇聽了之後也覺得有可能是他們正在詢找的那兩架飛機。為了確定日方所指的兩架飛機是不是我們的 F-86 軍刀機，邱垂宇這位在救護隊中唯一會說流利日語的飛行軍官，決定直接用日語去詢問沖繩搜救電

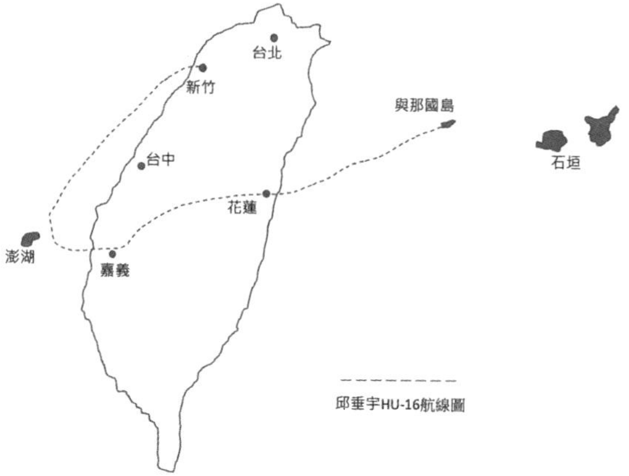

邱垂宇原以為要到澎湖附近尋找失蹤的 2 架戰機，不料卻得轉向前往與那國島。（圖／王立楨提供）

台。

「沖繩搜救台，這是中華民國空軍救護中隊，請問那兩架飛機上有沒有任何塗裝？」邱垂宇少校向沖繩搜救台詢問。

「中華民國空軍救護隊，沖繩搜救台，飛機上漆有藍色的圓圈，裡面有白色的光芒。」邱垂宇聽了之後立刻知道他說的就是我國的青天白日國徽，於是他告訴沖繩搜救台，那是中華民國的軍機，他會立刻飛到與那國島去處理這件事。

邱垂宇少校隨即向搜救中心回報，那兩架 F-86 其實是落在日本的與那國島，因此請求轉往與那國島去將迫降在那裡的飛行員營救回來。

搜救中心聽了邱垂宇的報告，真是不敢相信在「澎湖群島附近小島」迫降的 F-86 軍刀機，竟會跑到與那國島去了，一再要邱垂宇確定訊息是否正確，等到搜救中心與沖繩的搜救中心聯絡之後，才下令邱垂宇可以前往與那國島。

得到轉向的命令時，邱垂宇已經接近嘉義，飛機上的領航官黃啟華上尉立刻在航圖上畫出前往與那國島的航線。邱垂宇根據那個航線將飛機左轉，對著中央山脈飛去，領航官計畫向北飛越中央山脈後，由花蓮出海飛往八十浬之外的與那國島。

一個鐘頭後，邱垂宇接近了與那國島，因為與那國島上的機場是民用機場，使用的是VHF無線電，無法與軍方飛機上的UHF無線電相通，所以邱垂宇在飛進當地機場範圍時無法與塔台聯絡，只有盡量保持警覺，向四下觀望，不要與其它在附近的飛機碰撞。

邱垂宇通過機場上空時，可以清處看見跑道西端有一架衝出跑道、已經翻覆燒毀的F-86軍刀機，跑道東端的跑道頭則有另一架F-86停在那裡。因為無法與地面取得聯絡，不知道那兩位飛行員的狀況，這讓邱垂宇感到非常焦急。由空中所看到的情形研判，那架翻覆燒毀的F-86飛行員該傷得不輕。

既然跑道兩端各有一架飛機擋在

在與那國島迫降翻覆的我國空軍F-86戰機。（圖／邱垂宇提供）

那裡，邱垂宇又不知道那條跑道有多長，所以他一開始沒有打算降落在跑道上。他記得在進入與那國島空域時，曾看到機場西邊有一個漁港，因此他想如果能在海上降落，然後滑進那個漁港，也未嘗不是個辦法。

邱垂宇掉轉機頭將飛機對著那個漁港飛去，這次他將高度降低，仔細的觀察漁港及附近的地貌。他發現即使他安全落海，在不知漁港內的水深狀況下，將飛機滑進漁港也是有相當的風險——萬一飛機擱淺或是撞到水面下的礁石，那都是很麻煩的事。再說，將那位受傷飛行員由機場送到漁港，也會耽誤一些時間。因此，比較之下，他覺得降落在機場該是風險較小。

於是，邱垂宇再將飛機飛回機場上空，在不知道跑道長度的狀況下，他就要運用最原始的方法去度量跑道的長度。他要求領航官算出飛機當時的地速，然後當他通過跑道西端時，他請副駕駛開始計秒，等他即將飛抵跑道東邊的那一架 F-86 時，他呼叫副駕駛停止計秒，這樣將時間乘上速度就知道跑道該是在兩千呎左右。

兩千呎的跑道對於 HU-16 來說實在太短，但是在救人心切的心理下，邱垂宇覺得他必須一試。於是他用慢速低飛的方式，由西方對準跑道進場，等他的飛機擦著那架翻覆的 F-86 進入跑道後，他立刻收油門，帶起機頭，希望將飛機就此失速落在跑道上，可是等主輪觸地時，飛機又已前進了約一百餘呎，他判斷在剩餘的跑道上已無法將飛機安全停住，於是他毅然的加油門重飛。這樣子試了三、四次才有了相當的心得，第五次進場時他將油門收到最小，襟翼放到最大，帶著機頭將飛機保持比失速稍高一點的速度，由西面對著跑道飛去。當飛機通過那架翻覆的 F-86，進入跑道之後，他立刻將飛機油門完全收回，飛機頓時落在跑道上。

落地後邱垂宇立刻將兩具發動機的槳葉控制推桿，放到最大的反槳的位置，同時將踏著舵板的雙腳向前用力踩下，但是飛機仍然以高速對著跑道另一端的那架 F-86 衝去。看著那架 F-86 越來愈大，感覺中飛機似乎絲毫沒有停下來的意願，邱垂宇除了繼續踏緊煞車之外，沒有其他方法可以讓飛機減速。

事實上，飛機一直在急劇的減速當中，就在邱垂宇覺得飛機即將撞上那架 F-86 的時候，飛機猛然地停了下來，他鬆了一口氣，坐在右座臉色已經發白的副駕駛，對著他說了一句：「好險哪！」

邱垂宇將飛機發動機關車，走下飛機，發現他的機鼻距離 F-86 還不到一百呎（三十公尺左右），真是一次驚險異常的落地。就在這時，邱垂宇看到一位穿著橘紅色飛行衣及抗 G 衣的人對著他跑了過來，他知道那一定是兩架 F-86 的其中一位飛行員。

跑過來的飛行員見到邱垂宇，非常激動地向他敬禮，告訴邱垂宇他是十一大隊的程晉源上尉，另一架飛機的飛行員王應彬中尉是他的僚機，目前傷重正在當地的醫療所搶救當中。

機場的工作人員不會英文，無法與程晉源溝通，一直等到邱垂宇抵達了之後，程晉源將事情發生的經過簡單的向他報告，邱垂宇才能與當地的有關人員用日語溝通，並解釋狀況。

JATO 起飛

原來當天上午程晉源帶著王應彬由新竹起飛，在台灣海峽上空做 BFM 課目（Basic Fighter Maneuvers），兩架飛機保持兩萬呎以上的高度在雲上互相追逐。雲上沒有任何顯著的目標可供參考，所以他們並沒感覺到有一股由西向東吹、強大的高空風正將他們向東吹去。等到要返場的時候，程晉源領著王應彬穿雲下降，出雲之後，在茫茫大海中看到一個小島，程晉源就以為那是澎湖群島中的七美嶼，於是他就朝著東北方（新竹基地在澎湖的東北方）飛去。

沒想到往東北方飛了一陣子，他們不但沒有看到新竹基地，連台灣西海岸都沒有看到，程晉源覺得他們一定是迷航了，他看著油量錶的指示已接近低油量，沒有時間讓他去細想與判斷他當時的位置，他立刻帶著僚機反轉，往他們最後看到的那個小島飛去，能在那個島上迫降絕對勝過在海上跳傘！

往那個小島飛去時，他一直向戰管請求引導他飛往最近的基地，但是戰管雖然可以與他對話，卻無法在雷達上找到他。原來當時他已被高空風吹到台灣以東的太平洋上空，而戰管的雷達卻一直在往台灣西邊找他！

他們飛抵那個小島的時候，意外的發現島上竟然有個跑道。那時王應彬飛機上的油量錶已經指零，隨時都有熄火的可能，程晉源就要他趕緊落地，於是在根本沒有時間測場的情況下，王應彬就直接在一個陌生的機場落地。結果在順風的情形下，王應彬衝出跑道，機頭衝進機場西邊的一道乾涸的水溝，飛機的餘速推著飛機繼續前推，整架飛機翻扣過去後才停住，而油箱內的少量餘油，濺出來後碰到炙熱的發動機，立刻開始燃燒。

程晉源在空中見到這個狀況非常擔心，尤其是看到飛機翻扣過去，王應彬很可能會因為座艙罩被壓住而沒有逃出的機會，因此，焦急的他很快地由反方向逆風落地，在主輪著陸後，他用力踏下煞車踏板，輪胎在咬死的情況下馬上爆破，但這也讓飛機在衝出跑道前停了下來。

程晉源落地之後，發現當地的救火隊員已將飛機的座艙罩打開，救出了王應彬，並送到當地唯一的醫療所進行搶救。

醫療所替王應彬緊急搶救及包紮後，用救護車將他送回機場，停在那架 HU-16 旁邊，隨著救護車同來的是當地的池間醫師，他將王應彬的傷勢及他所做的治療簡單的告訴邱垂宇。當時雖然邱垂宇急著要將王應彬送回台灣，但他還是把池間醫師所說的話仔細記了下來，預備在到達台灣之後轉述給空軍醫院的航醫。

王應彬被送上飛機的時候，還是一直在喊痛，錢寶山醫務士立刻拿出嗎啡針要替他注射。此刻剛巧邱垂宇與當地的工作

在機身兩側四具 JATO 噴射筒的協助下，邱垂宇利用極短的跑道從與那國島起飛。（圖／王立楨提供）

人員及醫師道別完畢，剛剛登上飛機，他看到錢寶山拿出嗎啡針，立刻想起池間醫師才說過已經替王應彬打過嗎啡針止痛。邱垂宇以他有限的醫療知識，知道不可在短期間內給傷患大量嗎啡，因此他馬上告訴錢寶山，日籍醫師已經替王應彬打過嗎啡，錢寶山這才將針收回。

從那條僅有兩千餘呎長的跑道上起飛時，機身兩側的四具噴射筒（JATO，Jet Assist Take Off）產生了關鍵性的作用：飛機開始起飛滾行，空速達到六十浬，飛機的舵已經有作用時，邱垂宇啟動了機身兩側的四具噴射筒。噴射筒產生的巨大推力，幾乎在瞬間就使飛機達到起飛的速度，很快衝進了藍天。飛機達到兩千呎高

JATO 噴射筒的細部。（圖／航教館授權遠流出版提供）

度時，邱垂宇將機頭轉向對著一百多浬之外的台北松山機場飛去，空軍醫院的救護車已在那裡等候。

那次救難任務還有一個插曲，那就是當邱垂宇帶著兩位軍刀機飛行員回到松山機場後，怒氣衝天的作戰司令司徒福中將已經在等候。他一見到程晉源上尉，立刻劈頭以興師問罪的口吻問道：「你們怎麼搞的？為什麼會飛到那裡去？」程晉源沒有理會他，而是繼續協助救護人員將王應彬的擔架抬到救護車上，司徒福將軍以為他沒聽到，於是又問了一次，程晉源還是沒有理會他。司徒福將軍沒料到一位上尉軍官竟會如此的刻意忽略他，因此用手戳了戳程晉源，再問了一次。

「你不先問問王應彬的傷勢如何，所以我不理你！」程晉源知道自己出了這麼大的紕漏，在軍中應該已無前途可言了，因此就豁了出去，將他對長官的看法毫無保留的表達出來。

那次的救難任務讓邱垂宇難忘的主要原因是：如此多的巧合促成了那次的救難成

功。首先，在他按照搜救中心的指令飛往澎湖尋找那兩架飛機的時候，他竟然可以用小學五年級之前所學的日文，直接與沖繩搜救電台溝通，才知道那兩架飛機其實已經落在與那國島，省去了許多尋找的時間。其次，也是因為他會日文的關係，讓他即時阻止了醫務士替王應彬打嗎啡針，否則在短期間內接受過量的嗎啡注射，很可能會造成致命的後果。

終究不能降落太平島

邱垂宇回想著這些陳年往事的同時，飛機已接近克拉克美軍基地，於是他抓起麥克風與當地塔台聯絡，順利的降落。

邱垂宇在克拉克基地與馮方俊機組人員會合，修護人員立刻開始對編號 1022 飛機的漏油處展開檢修。馮方俊告訴邱垂宇，第二天他將駕邱垂宇所飛來的那架 1023 號飛機，再飛一趟太平島，試試看能否順利的將傷患救回。

第二天，四月二十日，天還沒亮，馮方俊就駕著那架漆著青天白日國徽的 HU-16 由克拉克美軍基地起飛，前往我國最南邊的島嶼。

起飛前馮方俊已由氣候預報中得知南海太平島附近的天候不佳，雲層很低，氣流不穩，東北風風速約在十浬左右。這種情況下當地的風浪可能會超過六呎高——HU-16可以落海的最大極限，因此是個相當具有挑戰性的天氣。提供氣候預報的美軍中尉建議他們再等一天才過去，但是馮方俊覺得他們已經等了幾天，只要有機會還是該去試一試，因為他們是去救人。

正如氣候預報，飛機幾乎是一路搖晃著飛到太平島，坐在正駕駛座位上的馮方俊一直緊皺著眉頭。他不怕惡劣的氣候，他擔心的是太平島附近的海象，如果風浪超過標準太多，HU-16就無法落海，那麼困在島上的兩位傷患就勢必要多等一天。

當天的雲層很低，飛機一路是在雲上飛行。在仰首藍天，俯首白雲的環境中飛了三個多小時，馮方俊中校與太平島的地面部隊用無線電取得聯絡，得知當地雲高約七百呎，能見度很好，但是海面的風浪不小。他聽了之後心就一直往下沉，最壞的狀況究竟還是發生了，不過他還是抱著一線希望，只要浪高在六呎以下，他們就可以落下去將那兩位傷患救回。

又飛了二十幾分鐘，太平島出現在飛機的正前方，馮方俊中校將飛機的高度降到一百呎左右，在這個高度他可以清楚看到海面的狀況。飛機更接近太平島時，他下令丟一枚煙霧彈下去，以判斷風向。

一條橘紅色的濃煙由海面升起，看著那濃煙升起的方向，馮方俊頓時心中涼了半截——濃煙的方向與海浪湧進方向幾乎成九十度角，而且據目視判斷，當時海面的浪高絕對超過六呎，可能高達十呎。飛機在這種情況下不能在海上降落，因為風險實在太大，如果冒險在那種風浪下在海上降落，那麼很可能在當地待救的人就不僅是那兩位傷患了。

馮方俊中校圍著太平島轉了幾圈，看到島上的駐軍冒著強風，站在海灘上向他招手，他搖了搖機翼向那些人致意，並用無線電告訴他們在那種風浪下，飛機不能落海，但是明天他一定會再來試試。

在往回飛的路上，飛機上的幾個人都像洩了氣的皮球似的喪氣，似乎大家到了這個時候才感受到這來回七個多小時的飛行，竟是那麼的累人。

又等了一天，到了二十一日，美軍人員所提供的天氣預報顯示太平島附近該是風平浪靜，而過去幾天中馮方俊已經去過兩趟，所以當天就換成邱垂宇擔任那次任務。

邱垂宇在飛去太平島的航程中氣流很穩，他覺得說不定可以安全落海，將傷患接回。

可是等他飛抵太平島後，卻發現海面浪頭不小，同時投下的煙霧彈顯示著風向與海浪的角度，還是不適於海面降落。那時邱垂宇又想起出發前隊長對他說的話，因此，他決定放棄落海的打算，但是他心中已經有了另一個腹案：靠著這個腹案，明天一定可以到太平島將傷患救回。

善用友軍資源

原來邱垂宇瞭解我國空軍的救護中隊與美軍的救護單位訂有救護協助協議，每兩年還有一次山區、海上的聯合搜救演習及救護經驗交流的活動。同時邱垂宇在越南執行南星任務時，與美軍交涉頻繁，知道美軍運作

邱垂宇從美軍加油機裡面觀看直昇機加油的情況。（圖／邱垂宇提供）

的程序，因此他決定當天回到克拉克基地之後，前往基地內的美軍搜救單位尋求協助。

克拉克美軍基地救護單位的一位上尉聽了這幾天中華民國空軍試圖前往太平島後送傷患卻都無功而返，立刻表示可以協助，當場決定派出 HH-53 直升機及 KC-130 加油機各一架，於次日清晨前往太平島協助後送傷患。

邱垂宇聽到美軍上尉答應派出兩架飛機協助救難，當場還真有一點吃驚。他雖然在越南時與美軍有相當程度的交往，但是現在看到一個上尉在不必請示上級，就可以做出這個派出兩架飛機協助盟邦救難的重大決定，這種權力下放及分層負責的制度，讓邱垂宇覺得真是訓練一個軍人在戰時可以獨當一面的最好環境。

第二天拂曉之前，在美軍的救護單位作戰室中進行任務提示，美軍決定使用這幾天 HU-16 前往太平島同樣的航線。而邱垂宇更學到一個知識：空中加油的時間點，不是等到直升機油量即將用罄時，而是在直升機的油量還有三分之二時就必須進行空中加油。這是確保萬一在空中加油過程中加油裝置發生任何故障，直升機還可以用剩餘的油量飛到最近的陸地降落。

另外，在提示時美軍任務指揮官也強調，空中加油是非常危險的課目，兩架飛機上所有組員在空中加油時必須戴上頭盔，穿戴降落傘及所有的救生裝備，這樣才能在機長下令逃生時及時離開飛機。

任務提示後，組員隨即前往停機坪登機，美軍安排邱垂宇搭乘 KC-130，而馮方俊則是在 HH-53 直升機上。

起飛後，KC-130 在 HH-53 前面以略高於失速的速度在飛，但是即使如此，每隔一陣子就必須圍著 HH-53 繞個圈子，這樣才不至於將兩架飛機的距離拉得太遠。

即將進行空中加油時，機長通知機上所有成員將頭盔及降落傘等裝備穿戴整齊，獲悉大家都準備好了之後，才將加油的軟管釋出。

邱垂宇在越南的時候曾搭過美軍的 C-130，但是搭乘 KC-130 加油機倒是第一遭。他站在機尾放下的裝載平台上，看著直升機的飛行員非常小心地操縱著飛機，對著那個小小的傘狀加油口飛去，由左後方慢慢的向加油機接近，感覺上直升機的旋翼似乎隨時就會打到 KC-130 的尾部。雖然邱垂宇知道這個程序在美軍來說是經常演練的家常便飯，但他還是有些緊張。直升機的飛行員很輕鬆的在第一次接近時，就將輸油管的接頭放進那個傘狀的加油口，這種技術看在邱垂宇眼裡，真覺得是飛行員對飛機性能熟悉的最高境界。

由克拉克基地出發四個多鐘頭，經歷三次空中加油之後，終於抵達太平島。直升機圍著島飛了一圈之後，就落在碼頭旁邊的一塊空地上，邱垂宇由空中可以看見地面的人抬著擔架對著那架直升機快速走去。

直升機在地面停留了不到十分鐘，等兩位傷患的擔架在機艙內固定後，主旋翼就開始加速，所產生的氣流捲起一陣沙塵，然後直昇機就在沙塵中升起，循原路往回飛去，KC-130 也隨著踏上歸程。

回飛的途中邱垂宇已經沒有原來的興致去觀看空中加油，他只是坐在帆布椅上休息，但是在每一次進行空中加油時，他都必須隨著機上其他組員，按照規定將那套行頭穿戴上。看著美軍在著裝時嚴肅的態度，及在工作上一絲不苟的專業精神，加上先前看到美軍上尉不必請示上級，就下達這個重大任務的敢於承當，他知道那就是美國軍力強大的原因之一。

經過來回幾近十小時的飛行，美軍兩架參與太平島營救任務的任務機安全返抵克拉克基地。為了將傷患趕快送回台灣，顧不得與美軍任務組員一一道謝，也顧不得自己當天已經當班超過十個小時，邱垂宇把傷患轉移到自己的 HU-16，立刻起飛回國。

四個小時後，邱垂宇將 HU-16 輕輕的落在屏東機場，這是距離左營海軍陸戰隊最近的一個機場。兩位傷患因天候耽誤了幾天，終於在受傷五天之後回到國內。邱垂宇看著救護車帶著傷患急駛而去，心中的重擔也隨即放下。這一趟長達五天、飛渡一千餘浬的中美合作救難任務終於落幕。

目前已八十餘歲的邱垂宇回憶起往事，總會想到救護中隊隊歌中的幾句：「任憑高山峻嶺險象叢生，任憑海浪滔天、狂風無情，看我海鷗弟兄們，日夜翱翔，勇敢地伸展著友愛的翅膀……」因為那就是他軍旅生涯的最佳寫照。

他曾救過許多人！

第7章

國家沒說的，你問不到

陳典聰少校

民國四十二年一月，剛由空軍官校三十二期畢業的十餘位准尉飛行員，前往桃園空軍基地的第五戰鬥機大隊報到。大隊長鄭松亭上校在對大家點完名之後，並沒有訓話，卻一反常態問起每個人的年齡。三十二期的畢業生都是民國三十四年小學畢業後就進入幼校，經過七年半的軍校生活，差不多都只是二十歲左右，還有幾位同學甚至才剛滿十九歲。

鄭大隊長聽了大家報出的年齡之後，搖著頭說：「這次官校怎麼送了群孩子來？」

原來在過去兩年中，官校一共畢業了六期學生，其中除了由幼校直升官校的學生年紀較低外，其他期班的年紀普遍偏高，尤其是二十七期的畢業生因為入伍時間過長，加上遷校的關係，畢業到隊時有人已經二十七歲了。無怪乎相形之下，大隊長會稱這些新到隊的見習官是一群「孩子」。

那群准尉飛行員到隊之後發現：這兩年一共畢業了四百多位飛行員，每個中隊都人滿為患，因此每人每月的飛行時間就很難達到標準。有人整月的飛行時間還不到十個小時。於是空軍總部就將一部分的年輕飛行員調到空運部隊，因為空運機一次可以帶多位飛行員升空，一次任務下來在飛機上的每一位飛行員都可以將飛行時間登記在飛行紀錄上，這樣至少在帳面上解決了問題。

三十二期的陳典聽就在這種情況下被調到二十大隊。他在第一次飛C-46編隊訓練時，教官發現他對飛行很有天份，因為雙發動機的C-46比起戰鬥機來，不但機身龐大，反應更是遲鈍，許多新進飛行員在編隊時不大容易抓到竅門，飛機就一直在長機的側邊搖晃著，無法編好隊形。但陳典聽在第一次編隊時就很輕鬆的將飛機擺在僚機的位置，讓他的教官讚賞不已。後來夜航訓練時，他也是眾多學員中第一個通過考核的人。

深入鐵幕作戰

當時六中隊的中隊長李政功中校非常信任陳典聽的技術，因此只要是他自己出任務，都會選陳典聽當他的副駕駛。

民國四十四年十月十九日，空軍總司令部下令二十大隊的六中隊及十一中隊各派出一架飛機前往福建、浙江一帶執行空投任務。六中隊隊長李政功決定親自出馬，於是陳典聽很自然的被選為副駕駛，跟隨隊長出征。

這次任務規劃是在日落之後由台中的水湳機場起飛，飛越台灣海峽，於福州以北進入鐵幕，以八千呎的高度順著海岸線北飛，一路上將傳單及一些救濟大陸同胞的日常生活用品投下。一直飛到寧波、紹興一帶，再由那裡轉向南，最後由福州南面出海，飛返水滴落地。

C-46上的暖氣設備原本就不太靈光，加上服役多年，許多零件都已故障失靈，在那

陳典聰完成了 C-123 運輸機飛行訓練之後，曾在越南、中國大陸上空執行任務。（圖／陳典聰提供）

個國家普遍貧窮的年代，修補大隊的主要目標僅是讓飛機能起飛執行任務就好，至於提供組員舒適的暖氣設備失靈，就沒有人在意了。因此當天出發前，每位組員都穿上厚重夾克，再帶一條毛毯蓋在腿上保暖。即使如此，飛機起飛後，八千呎的夜空還是會讓人凍得直打哆嗦。

那次任務起初一切順利，沒有敵機攔截也沒有地面砲火攻擊。但就在飛機已在福州以南，即將離開大陸之際，地面突然亮起四十餘束探照燈光芒，把整個夜空照得彷佛白晝，高射砲的砲火也導致周遭氣流翻騰。李政功及陳典聰兩人操縱著原本笨拙的 C-46 運輸機在光束及火網中穿梭，多少次在被探照燈的光束掃到時，他們都巧妙地運用非正常性的操縱手法，讓飛機脫離探照燈的追蹤。等到他們倆將飛機飛出該區，進入台灣海峽，兩人才察覺在這冰冷高空一番折騰，飛行衣上部都已被汗水沁濕。

回到基地落地後，隊長在陳典聰的背上拍了一下說：「小伙子，表現的不錯，沒被探照燈及高射砲嚇到。」

那是陳典聰第一次執行深入大陸的作戰任務。

一年後，民國四十五年十一月十日，六中隊再度奉命執行前往杭州蕭山一帶的空投任務。當時李政功中隊長即將他調，因此副中隊長李學修接下任務。在命令下達時，李政功將他在前一年執行深入大陸任務的經驗與李學修副隊長分享，也建議由陳典聽擔任副駕駛，以便圓滿達成任務。當時六中隊的作戰長崔傑石少校聽了隊長的話之後，立刻將陳典聽的名字寫在任務派遣單上，並將原來輪到要出任務的邱文道中尉名字刪除。

那時邱文道才剛完成了在官校的儀器飛行訓練課程，回到水湳基地。他知道陳典聽被指定取代他去執行一個大陸空投的作戰任務，立刻去找作戰長，要求還是按照原先的任務排名來執行任務。邱文道同時說，陳典聽在前一年已經出過一次這樣的任務，因此，這次任務不該再由陳典聽出勤。

作戰長告訴邱文道，是隊長李政功要陳典聽跟著出任務。邱文道還是不放棄，立刻直接去找隊長，在他強勢的抗議下，李政功隊長終於收回成命，畢竟隊上的每一位飛行員都應該有機會去擔任這類的作戰任務。不過他也告訴邱文道，根據其它中隊最近執行完此類任務後的心得反映，中共地對空的砲火比一年之前增加許多，而且偶爾還會有全天候的米格機前來攔截，因此他最好在出發之前去找陳典聽談談，讓陳典聽將他的一些經驗分享給邱文道。

陳典聽除了將前一年任務的心得完全告知之外，還把自己的一套連身棉毛衫借給邱文道，並告訴他，不但要將這件棉毛衫穿在飛行衣裡面，更要帶一條毛毯上飛機，因為在十一月間八千呎的夜空是極其寒冷！

當天晚上，李學修及邱文道兩人駕著編號 362 的 C-46 由水湳機場出發，跨過台灣海峽由福州進入大陸，對著杭州直飛而去，這是前一年李政功及陳典聰所走的同一條航線，但是李學修那組人卻沒有李政功那架飛機幸運，他們在杭州附近的蕭山被擊落，全機九位組員全數為國犧牲。

直到六十餘年後的今天，陳典聰都會想著：如果邱文道那天沒有搶著要出勤，還是由他自己陪著李學修前去執行該項空投任務的話，會是什麼樣的結果？會安全歸來？或是換成他躺在碧潭？但無論如何，在冥冥的天數下，他究竟避過了那場生死大劫。

那件事之後，陳典聰繼續在空運隊駕駛 C-46，只是大陸空投的任務漸漸由黑蝙蝠中隊取代，空運隊的任務就限於本島、外島運補及近海偵巡等任務。

換新機

一九五零年代末期及一九六零年代初期的這段期間，中共在「大躍進」運動下，喊出「三年超英、五年趕美」的口號，但是口號究竟是口號，在工業和農業上不切實際地操作，造成慘不忍睹的結果。政治運動期間在大陸因為飢餓而死的人數以千萬計，整個大陸一片蕭條。

在台灣的蔣中正總統知道大陸的狀況之後，覺得那正是將呼喊了多年的「反攻大陸」口號付諸實現的最佳時機。於是正式向美方表達要反攻的意願，並要求美方提供 C-130 運輸機來執行大規模的空降任務。

美國所有行動的考量都是以美國本身的利益為主。他們覺得台灣在這個時候對大陸用兵，毫無勝算，反而給蘇聯一個與中共重修舊好的機會，這樣對美國整體戰略佈局十分不利。不過美國也不想直接拒絕中華民國的請求，因此想出了一個折衷辦法：與其提供 C-130 運輸機，不如提供 C-123 型運輸機，因為這型運輸機所使用的 R-2800 發動機是中華民國空軍所熟悉的發動機，後勤維修及補給方面可以順利銜接。

在「無魚，蝦也好」的情況下，中華民國政府接受了 C-123 運輸機，並立刻由空運隊中挑選了十五位飛行員前往美國北卡羅萊納州的波普空軍基地（Pope Air Force Base）接受該型飛機的飛行訓練。

陳典聰當時就因為出眾的飛行技術及語文能力，被選入這個換裝小組。他們一行十五人在民國五十一年九月一日抵達波普空軍基地，美軍將他們編入四六四運兵聯隊

（464th Troop Carrier Wing）去接受C-123的換裝訓練。

當時這批飛行員僅被告知前往美國接收C-123型飛機，但完全不知道日後這型飛機會執行何種任務，所以陳典聰以為美軍只是為了汰除我國老舊的C-46，而提供新型的空運機。

換裝訓練進行到一半的時候，發生了震驚世界的古巴飛彈危機。甘迺迪總統在當年十月二十四日下令將美國國家戒備等級提升到「狀況二」，[1]三軍停止一切訓練，進入備戰狀態。四六四運兵聯隊的C-123連夜被派往佛羅里達州南面的一個空軍基地待命，預備在戰爭爆發時將八十二空降師的傘兵送往戰場。

雖說山雨欲來風滿樓，但在這大戰迫在眉睫之際，美軍並未忘記正在受訓的十五位中華民國空軍飛行員。在飛機及教官被派往佛羅里達州待命的同時，美軍派了一架專機將這批受訓人員送到紐約去休假。誰也沒想到美蘇兩國之間的冷戰角力，竟給這十五位飛行員帶來了一段意外的紐約假期。

隨著蘇聯答應撤出設在古巴的飛彈，危機也落幕，這批正在紐約觀光旅遊的空軍軍官就在十月二十八日當天被喚回基地，繼續未完成的訓練。

這些受訓人員都是飛行時數在一千小時以上、具有相當經驗的飛行員，所以即使訓練中斷幾天，他們還是在原先計劃的十一月底完訓，並在十二月初返回台灣。

你的飛機不是你的飛機

受訓飛行員返回台灣後，C-123飛機並沒有同時回到台灣，原來中華民國與美國之間尚未對如何使用這型飛機取得共識。中華民國政府希望能利用這型飛機將突擊傘兵空投到大陸，作為反攻先鋒，但這卻是美方最不願意看到的用途。他們覺得那個危險方案，不但毫無勝算，而且會把美國拖下水。

美方的算盤是想利用這批飛機與剛完訓的飛行員，到南越去執行滲透北越的任務。因為最初美軍也曾替南越空軍訓練了一個特種作戰中隊，目的是滲透北越，功能很像中華民國空軍的黑蝙蝠中隊。但是南越空軍的中隊無法達到美軍的要求，因此美國軍方就想到利用中華民國空軍的飛行員來執行這些任務。

經過多次的商談與折衷，兩國之間終於有了共識：美國提供五架C-123給中華民國空軍，但必須在中華民國與美國雙方都認可的情況下，才可以執行進入大陸的任務。而平時C-123及其組員則派駐南越，接受美軍的指揮，執行對北越的滲透任務。

有了這項共識及協議，C-123 及所有組員就在民國五十二年六月由台灣進駐南越西貢空軍基地，並在七月二日開始執行第一次夜間進入北越的秘密任務。

其實中華民國政府對該項協議並不滿意，尤其是對於無法隨意使用這型飛機來執行敵後空投任務一事；每次與美軍開會時，都會提出用 C-123 執行大陸空投的要求，而美方多以時機尚未成熟加以敷衍。

民國五十三年六月六日，陳典聰在越南執行了三個月的任務之後，駕機飛返台灣。他滿心歡愉地期望能完全放鬆心情，在台灣渡過十天的假期。

那時陳典聰雖然尚未結婚，但是已經有了一位論及婚嫁的女友，因此他安排在台灣的這段期間，盡量能多花些時間與女友相聚。

六月八日一大早，陳典聰正要離開新竹空軍基地的空勤軍官宿舍，前往台北與女朋友約會時，三十四中隊的作戰長通知他：到了台北務必先與空軍總部的特勤室聯絡，讓他們知道他的活動地點，這樣如果有緊急任務，特勤室可以很快的找到他。在沒有手機及即時通訊工具的年代，這是相當普遍的情況，因此陳典聰爽快的答應了。不過他認為這只不過是個形式上的交代，應不至於會有緊急任務，因為他的單位是在越南，任務再緊急也不可能會到台北來找他回去。

國家任務：不可道別

陳典聰到了台北，用車站的公用電話與總部特勤室聯絡，表示他會去國賓電影院看電影。特勤室的參謀聽了後回答，如果活動地點有任何變動，務必事先通知特勤室。陳典聰並沒有多想，隨口就說了聲「好」。

不料電影開演沒多久，銀幕側邊就顯示出「陳典聰先生外找」的字幕，於是他輕聲告訴他的女友：自己出去一下就回來。

走出放映廳到了戲院大廳，看

陳典聰的女友在電影院裡面，完全不知道銀幕打出「陳典聰外找」之後，他就得執行一趟 10 多個小時的海南島任務。（圖／陳典聰提供）

到一位憲兵及一位穿著便服的男子站在那裡等他。穿便服者的髮型及神態一看就知道是軍人。於是陳典聽上前表明身份，穿便服的先生很客氣地告訴他，自己是總部情報署的參謀，奉命接他回到基地。至於理由則沒有說明。

陳典聽本想問到底是什麼事需要他在休假期間回基地。不過他又想到，那位參謀也未必知道實情；再說自己身為軍人，他深知「沒告訴你的事，你就問不出來」，因此縱使心中有著再多的不願意，在那種情況下也必須從命。於是他告訴那位參謀，他先進電影院去向女友說明後，再與他們回新竹。沒想到參謀用很和氣但堅定的口吻說，他們必須立刻出發，且基於保密這件事不能向任何人透露。

於是，陳典聽就在萬分不願意的情況下，對女友不告而別。當時他只希望再過兩天還能有機會向女友解釋清楚！

派兩個沒家的飛行員上去

回到新竹基地陳典聽才知道，美軍終於答應我國政府使用 C-123 執行一次對大陸的空投任務。作戰長告訴陳典聽，當天晚上他將執行一個前往大陸的作戰任務，而且目標區距台灣很遠，因此在機身內部加上了兩個長程油箱；作戰長要陳典聰立刻換上飛行衣，對任務機進行試飛，以測試長程油箱的管路是否暢順，及檢查各個接頭是否有漏油的狀況。

與陳典聰一起執行任務的是張鶴華少校，他原本是八大隊的轟炸機飛行員，八大隊解散後被派到十大隊來飛空運機。他與陳典聰兩人是接收C-123的十五位飛行員中，僅有的兩位單身人士，因此在選派艱鉅任務人選時，上級都有意無意地故意挑選他們兩位單身飛行員來執行任務。

陳典聰在做起飛之前的三百六十度檢查時，看到了機身內那兩具巨大的長程油箱——從沒見過那麼大的機身油箱，不知道它的容積是多大。據他目視判斷，每具副油箱至少可裝六、七百加侖的燃油。那麼大的副油箱在滿載情況下的重量

張鶴華從轟炸機轉飛運輸機，與陳典聰一起飛往海南島。（圖／陳典聰提供）

幾乎高達一萬磅，陳典聰真不敢猜想當晚的目標到底是哪裡！

飛機在本場空域試飛了一個多小時，除了測試機身內的長程油箱，也將飛機上所有的系統都測試了一遍，結果一切正常，飛機在下午四點返回新竹機場落地。

飛機落地滑回停機坪時，陳典聰看到一輛滿載的卡車停在停機坪，經驗告訴他，車上的貨物就是他將運往目標區執行空投的物資。他看著那輛卡車上的貨物，想著剛才滿油的情況下，飛機已接近最大起飛重量，如果再將這輛卡車上的貨物全數裝上飛機的話，那絕對會超出飛機的最大起飛重量！但是在軍中執行任務那麼多年，超重起飛的事他也不是沒有幹過，他只希望那天的重量不要超過限量太多。

在作戰室進行任務提示時，作戰官宣布他們當天的任務目標是海南島，目的是測試對大陸進行突擊空降任務的可行性，全程飛行時間大約是十三小時左右。在場的一位美軍顧問表示，因為航程超過 C-123 的續航極限太多，飛機離開海南島時如果剩餘油量不夠返回台灣本島，可以轉降越南的峴港美軍基地。陳典聰那時已進駐越南一年多，有多次在峴港美軍基地起落的經驗，所以並不是個問題。

陳典聰瞭解任務的內容之後，立刻詢問「空投物資的總重量是多少」這個關鍵問題。他必須根據飛機的重量及當天的氣溫，來計算飛機需要用多長的跑道才可升空。

「欸……很重，很重，是很重。」總部情報署的那位上校沒有直接回答他的問題。

「我需要這個資料，才能算出飛機在這個重量下飛不飛得起來。」陳典聰試著向那位上校解釋他要這個資料的緣由。

「我可以告訴你，飛機絕對是超重，而且超重不少，你用短場起飛的方式起飛。其他你就不要多問了。」這種答案陳典聰雖然不滿意，但覺得至少那位上校很誠實地告訴他「超重很多」。接下來，他必須運用自己的技術及判斷，將飛機飛離地面。

當天因為任務時間過長，因此除了陳典聰與張鶴華之外，機上還有另外一位飛行員賀威遠少校，其他的幾位組員是：領航官許懷勳、孫才敏，通訊官李功鎣，電子官龍秉富，機械士劉珣，彭才源及馬君正等人。

三位飛行員當中，陳典聰的期別最低，但是因為經驗的關係，陳典聰被選為該次任務的機長，張鶴華及賀威遠兩人則輪流擔任副駕駛。

兩顆清醒藥

任務提示完畢，美軍顧問交給每位組員兩顆紅色的藥丸，並告訴他們因為航程過遠，飛行時間長達十三小時，再加上起飛前每位組員都已活動超過十小時以上，所以萬一出現精神不濟，可以吞下那兩顆藥丸，以保持清醒。

多少年之後這些組員才知道，原來當初美軍所提供的藥丸就是「安非他命」！

陳典聰登機時，看到起落架的避震器已被壓到最低處，表示飛機的重量絕對遠遠超過最大起飛重量。飛機性能表上很清楚的註明飛機的最大起飛重量是五萬四千磅。看著避震器壓縮的情形，他實在很擔心，超重這麼多，飛機能否順利起飛。果然，當飛機滑向跑道的時候，陳典聰明顯感覺滑行的動作很遲緩。

下午五點四十分，飛機進入新竹空軍基地五號跑道頭，陳典聰與張鶴華兩人互看了一眼，不需要任何言語，兩人之間的默契就已讓雙方瞭解，他們該如何讓那架超重的飛機飛進藍天。

塔台的綠燈閃了一下，這是在無線電靜默下告知那架C-123可以起飛的訊號。陳典聰將兩個油門的手柄向前推去，兩具R-2800發動機在大車富油的狀況下飛快轉動，[2]轉速錶指針也顫抖著向順時鐘方向轉動，緊緊踏在煞車踏板上的雙腳可以感覺到飛機在大馬力下的抖動。

轉速到達起飛馬力時，陳典聰並沒有立刻鬆開煞車，反而讓發動機繼續以大馬力轉動著。這樣又過了半分鐘左右，他簡單喊了聲 Go！張鶴華與他兩人同時將煞車鬆開，飛機頓時向前衝去。

飛機超重就是這樣

飛機在超重的情況下加速非常緩慢，跑道已經用掉一半，速度才到七十浬，陳典聰雙眼直瞪著前面越來越短的跑道，而飛機的空速依舊龜速上升，他不自覺地想到那位情報署上校所說的「飛機超重很多」。

那個傢伙說的還真不假！

張鶴華坐在副駕駛位置上，一直看著空速錶的指示，每十浬報出一次，當他報出一百浬——C-123 的起飛速度，他以為陳典聰會即刻將駕駛盤拉回，讓飛機開始爬升。不過陳典聰並沒有這麼做，反而繼續讓飛機在跑道上往前衝。張鶴華頓時想起，飛機在爬升時會因為重力關係而減速，載重正常時發動機的剩餘馬力會抵銷重力所導致的減速，讓飛機可以繼續爬升。但是以當天飛機超重甚多的情況下，發動機幾乎已經沒有剩餘馬力了，因此陳典聰決定讓飛機在地面多增加一些速度，在跑道盡頭再離地，這樣可以將風險減到最低。

飛機直到跑道的最盡頭才離地升空，此時空速僅有一百一十浬，還不到技令上要求的一百一十五浬單發動機操縱空速。[3]張鶴華在飛機離地後立刻把起落架收起，以求減少阻力，讓空速增加一些。但是成效似乎不大，飛機的空速還是保持在一百一十浬左右。

按照計畫，飛機起飛後就該調轉機頭改向南飛，但是因為空速始終無法增加，高度增加得很慢，因此陳典聰就讓飛機繼續向前直飛，一直等爬到兩百呎高度時，才開始用最小的角度讓飛機轉向南飛。

飛機在台灣海峽上空轉向南飛，速度還是上不來，陳典聰一直將油門保持在最大馬力，完全不敢將油門收回。那時他真是對普惠公司（Pratt & Whitney）生產的 R-2800 發動機讚賞不已，他不敢想像如果在這個時候發動機發生故障的話，會有什麼樣的後果。

飛機通過台南外海時，高度才剛爬到五百呎，不過在這個高度下陳典聰略微放了心，於是將飛機改為平飛。可是他才把油門收回到巡航馬力，想讓汽缸頭溫度一直在紅線邊緣的發動機休息一下時，飛機立刻就開始喪失高度。他只好趕緊將油門又推了上去。

飛機就這樣掙扎著以大馬力、低空速、低高度飛在海上，一直等到飛機接近西沙群島時，飛機的速度才勉強達到一百三十浬。根據飛機的性能包線圖，那是在最大重量（五萬四千磅）之下飛機的速度，而那時飛機已耗去九千磅的燃油。這表示飛機在由新竹基地起飛時的重量是六萬三千磅，超出最大起飛重量達九千磅！他們在如此重量下能夠安全起飛，除了技術，恐怕有更多是幸運。

任務起始點

飛機通過西沙群島北方，已接近任務的 IP 點（Initial Point）。陳典聰藉著黯淡的月色將飛機的高度降低到一百呎——相當相當危險的高度，尤其是在夜間的海上，稍微不小心飛機就可能一頭鑽進海裡。

午夜十二點半左右，陳典聰在領航官的指示下將機頭轉向正北，海南島就在正前方五十浬，他們預備由榆林港進入。

陳典聰先前已在越南執行過多次進入北越的空中滲透任務，對地面砲火的攔截算是司空慣見。可是當天晚上飛機接近海南島時，他心中竟然有些忐忑，因為他不知道自己會面臨什麼樣的挑戰。

昏暗的月色下，海南島的輪廓在海平面出現，陳典聰看到榆林港稀疏的燈火時，覺得真是一個好兆頭，代表中共並不知道有一架飛機正預備穿越鐵幕，所以並未管制燈火。

就在那時張鶴華將機尾的空投平台放下，通知後艙的機械士開始準備空投。通訊官也將一疊傳單放入他工作台旁邊的空投槽中，預備在通過榆林港時將傳單投下。

這架 C-123 於夜間一點五分由榆林港進入海南島上空，中共方面沒有任何反應。陳典聰藉著夜空中新月的些微月光，操縱著飛機順著地勢，向海南島的內陸飛去。如雪花般的傳單及空投救濟物資在飛機後方冉冉向下飄降。

因為這次任務主要目的是測試突襲空降的可行性，並沒有像 P2V 機組般的電子情蒐集任務，所以飛機在海南島內陸轉了一圈，於一點半左右就循原路由榆林港出海。

飛機離開海南島之後，陳典聰仔細的根據飛機上剩餘油量與飛機重量及當時風向、風速等變數計算了一下，覺得可以不必轉降峴港而直接飛回台灣。因為飛機上的物資已經投下，機內的燃油也用去過半，重量比來的時候要輕許多，再加上回程是順風，諸多有利的條件加在一起，就沒有必要轉降峴港了。

返航過程中陳典聰的情緒放鬆不少，心中不似去時般的緊張，這種情況下一股疲憊頓時襲來，他想起了美軍顧問提供的那兩顆紅色藥丸。幾番考慮，他還是決定不去碰它，免得有任何藥物的副作用。

黑夜到清晨

五點多鐘的時候，太陽的第一道曙光射進了飛機的駕駛艙。陳典聰與張鶴華兩人互看了一眼，笑了笑，還是沒說話，兩人又合作完成了一次任務，這次的任務雖然不似在北越上空執行任務時有地面砲火的干擾，但是飛機在過重情況下起飛的驚險過程，竟也不輸砲火中的穿梭。

飛機接近台灣時，陳典聰再次檢查機上的剩餘油量，發現左右兩個發動機各僅剩六百餘磅燃油。這樣要飛到一百五十浬外的新竹基地，是有些勉強，於是他立刻決定就近在台南空軍基地降落，以策安全。

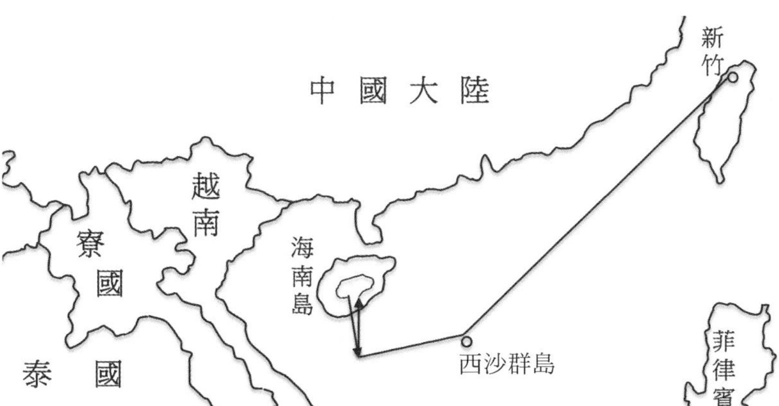

從台灣來回海南島，駕駛著慢速的運輸機，共耗時將近 14 個小時，使得陳典聰連續 25 個小時沒有睡覺。（圖／王立楨提供）

他們的 C-123 在六月九日上午七點三十五分於台南空軍基地降落。陳典聰將飛機停妥並將發動機關車時，注意到手錶上的時間是七點四十二分。他想起由前一天早上六點起床後，他已連續二十五個半鐘頭沒有休息，這其中還執行了一個十三小時五十五分鐘的作戰任務！

這次在休假中臨時出現的海南島空投任務結束之後，陳典聰回到新竹後又繼續他原本該休的假期，他也在第二天就向女友解釋清楚看電影時不告而別的苦衷，不過避開了去海南島的那段經歷。女友接受了他的道歉，也瞭解到一位職業軍人二十四小時都是待命出擊的事實。有了這層心理準備，女友在一年多後進入了空軍這個大家庭，成為陳太太。

陳典聰在越南一直待到民國五十三年十二月。在越南的一年半期間，他一共執行了三十五次進入北越的空投任務，外加這次海南島的空投任務。在回憶起這段往事時，唯一的遺憾就是那些北越上空的作戰任務，並不是為自己國家而執行的任務，而是像傭兵一樣替美國政府在越南做事，這與他為了保衛國家而進入空軍的初衷有所違背。

然而，軍人既以服從為天職，他雖是奉命前往越南執行美軍的作戰任務，但他相信在兩國所簽的協議下，他的付出最終是對中華民國有利！

1美國國家防禦等級的衡量方式。此衡量現在是被美軍使用為警戒態勢。戒備狀態共分為五級，「狀況一」（核戰隨時可發生）最為緊急，「狀況五」（一般狀況）為最低。

2油門推到最大馬力，發動機進氣的空氣與燃油混合比中的燃油量加到最大。

3雙發動機的飛機在一具發動機失效的情況下，必須保持在這個速度之上，方可以正常操作。當天的情況因為飛機超重許多，因此起飛後速度增加的很慢，如果那時一具發動機故障，飛機將很難躲過墜毀的厄運。

第8章 搶救拉斯維加斯

戚棣華中尉

民國四十七年八月中旬的一天，三大隊八中隊隊長李修能中校率領八架 F-86 軍刀機在執行海峽巡邏任務時，與多架 MiG-17 遭遇。那批 MiG-17 也許是因為低油量，並未與我方的軍刀機周旋，而是直接往內陸飛回。李修能於是帶著僚機追擊那批 MiG-17，當天飛在李中校右側三號機的祖凌雲上尉記得相當清楚：敵機就飛在我方軍刀機機槍射程之外不遠處，他可以看見我方發射的曳光彈就在敵機機尾處墜落，我機的油門已經捅到底，但就是無法追上飛在前面不遠處的敵機！最後只得眼睜睜的看著那幾架敵機在他們的前面揚長而去。

那天回到基地之後每個人都很失望。如果軍刀機也像 MiG-17 一樣有後燃器的話，他們相信那幾架敵機絕對回不了家。

兩岸武力失衡

當時長期供應我國武器的美國也發現，國、共雙方的武器已經不再均勢，MiG-17 的性能明顯超過我方的 F-86。為了保持海峽兩岸的軍事對等，美國於當年（民國四十七年）九月初將六架 F-100F 以軍援方式移交給我國，中華民國空軍正式進入超音速時代。

美國將六架雙座 F-100F 交給我國之後，在民國四十九年初又將八十架 F-100A 軍援我國。於是空軍第四大隊下所屬的二十一、二十二及二十三中隊在同年將原先的 F-84G 汰除，換裝成這種新型超音速的超級軍刀機 F-100A。

F-100A 型飛機除了具有超音速性能，載彈量也大，美軍就利用這個特性，特別發展出一套新的對地炸射戰術，讓這型飛機執行對地攻擊任務。

既然有了這套新的戰術，美軍認為使用 F-100 的盟國空軍也需要熟悉這種戰術，這樣才能將此型飛機的潛力真正發揮出來。

民國五十年代初期，美軍顧問團的空軍組長通知我國空軍總司令部，有一個專門訓練 F-100 飛行員的炸射班，即將在美國內華達州的奈勒斯空軍基地（Nellis AFB, NV）開訓，其中六個名額是保留給中華民國空軍，因此他希望空軍總司令部由四大隊的飛行員中挑出人選前往美國受訓。

當時軍人的待遇不高，一位上尉飛行員每個月才不過一千元台幣左右（按當時匯率約折合美金二十五元）。如果能有機會到美國受訓，除了正常的薪餉之外，每天還有九美元的出差費可領（中華民國政府每天支付三元，美國政府每天再補貼六元），因此幾個月受訓下來，帶幾百塊美金回台灣並不是一件難事。

在這種優厚的條件下，到美國受訓是當時在軍中極為吸引人的機會。因此在知道有六個前往美國受訓的名額時，幾乎四大隊所有的飛行員都報名參加甄試，希望能被選中。

拜託重新挑一下

結果放榜之後，六位入選的幾乎都是中、上校階級以上的人員，這種結果看在美軍顧問眼裡，他們立刻知道是怎麼一回事：他們期望訓練一批中尉、上尉階層的年輕飛行員，這些人才是出任務的中堅人物；中、上校階層的飛行員雖然經驗豐富，但已進入領導階層，美軍顧問覺得對這些人進行訓練並不符合經濟效益。

於是美軍顧問通知空軍總司令部，他們要重新檢定並挑選六位前去美國接受炸射訓練的飛行員。

經過美軍顧問的術科甄選及英語口試，雀屏中選的是施濟東少校、張克誠少校、王振勇上尉、毛子瑜上尉、張光風上尉及戚棣華中尉等六位飛行員。其中最令人跌破眼鏡的就是戚棣華中尉，因為他的總飛行時間雖然已接近一千小時，但他的 F-100 飛行時間只有幾十小時，是一位剛完成換裝的飛行員。

戚棣華獲選到美國參加炸射班，跌破所有人的眼鏡。（圖／戚棣華提供）

其實不只隊上其他人對戚棣華入選感到意外，就連戚棣華自己都覺得訝異。他與美軍顧問進行口試時，自認為絕沒被選中的可能，所以心中一點壓力都沒有。那位美軍顧問要他根據他的經驗，說明該如何用 F-100 來打空靶及地靶，他就將他對 F-100 性能的瞭解，加上他在 F-84 上所累積的經驗，用不甚流利的英文對著那位顧問開始發表看法。沒想到這卻引起了美軍顧問的興趣，兩人之間原本該是口試的場合，變成了聊天似的對話，最後美軍顧問還真的圈選了他，讓他成為炸射班中唯一的中尉軍官。

戚棣華並不是第一次碰到這種神奇的經驗。他能成為一位飛行員，就是經歷了另一次相似的神奇過程。

淘汰不是終局

他由空軍幼校畢業時血壓過高，沒有通過空勤體檢，失去了進入空軍官校學習飛行的機會。其實他並沒有血壓高的毛病，只是每次他見到航醫，心中就開始莫名的緊張，導致體檢時血壓爆高。不過他體檢的其它項目都及格，所以事後航醫又多次對他進行血壓複檢，希望能量出一個合格的數據，但每次的數據都超出空勤體格標準，因此他就被摒除在空軍官校校門之外，而被送到空軍通校去接受通訊專長訓練。

不滿二十歲的戚棣華學飛的夢破碎了，真是欲哭無淚。他在台灣舉目無親，除了接受空軍的安排前去通訊電子學校受訓，完全沒有第二條路可以走。沒想到就在進通校的體格檢查時，他的血壓竟然完全正常，於是他向通校的教官反應此事，希望能回到官校去參加飛行訓練，然而卻被教官嘲笑說：「你想當飛行員？別做夢了吧！」

空軍通校畢業後，戚棣華被分發到桃園五大隊，以空軍少尉任官。剛到五大隊報到就碰到空軍全軍運動大會開幕，於是在幼校及通校都是足球校隊的他，就被指定代表五大隊去參加空軍全軍運動大會。說來也巧，那次在會場上戚棣華遇到了空軍總司令王叔銘上將，幾年前他代表幼校參加全軍運動會時，王總司令就對他在運動場上的優異表現留下了深刻的印象，這次再度在運動場上見到戚棣華，王叔銘很自然的問他在哪個單位，結果答案是地勤單位。這讓王叔銘覺得很驚訝，一個體格那麼強壯的人，竟無法通過空勤體檢？

「還想不想飛行？」王總司令嚴肅地問戚棣華。

「當然想，天天都在想！」戚棣華如實回答。

「好，下禮拜到總司令部來找我，我會讓你達成願望。」

就這樣，一星期之後王叔銘總司令親自下令，讓戚棣華前往虎尾訓練基地，加入空軍官校三十七期學習飛行。

這次在飛行前的空勤體檢時，他通過了每一個項目！

兩年之後，當戚棣華由空軍官校畢業，掛上飛鷹並再度掛上空軍少尉的官階時，他幼校六期的同學在部隊裡都已官拜上尉，有兩機領隊的資格了。

但是熱愛飛行的戚棣華卻完全不以為忤，他不但不放棄任何一個飛行的機會，更自願去接下一般人不願意去飛的任務，因此在中尉期間他創下了全年飛行五百小時的紀錄。

所以他會被美軍顧問圈中，前往美國接受 F-100 的炸射訓練，就不足為奇了！

你誰？為什麼派你？

一行六人抵達了奈勒斯空軍基地，炸射班的總教官發現戚棣華的 F-100 飛行時間還不滿一百小時，頓時懷疑他是不是哪位政府高官的兒子，靠著權勢才被選入這個訓練班。於是在他們報到次日，總教官就說他要親自帶著戚棣華登上 F-100F 雙座機飛一趟，看看他的實力夠不夠參訓的標準——美國空軍不願意浪費汽油與教官的時間在一個不合格的參訓者身上。

總教官雖然對戚棣華的實力感到懷疑，但是在飛行前的提示時卻是很仔細，也很友善。他告訴戚棣華不要緊張，就像在自己國家飛行時一樣，如果與航管的通訊有困難，或是沒聽懂的話，可以用機內通話訊問，總教官可以替他聯絡，因為那畢竟是他第一次在美國飛行。總教官的這種態度讓戚棣華放心不少。

當天在飛往預定空域的時候，戚棣華還有一些緊張，但是當他到達空域，按照起飛前總教官所做的提示，開始做第一個課目時，他真的就像回到台灣上空飛行一樣，完全浸淫在飛行的樂趣當中，把飛機當成自己身體的延伸，在內華達蔚藍的天空中劃下了漂亮的軌跡。戚棣華自己覺得那天除了與航管之間的對話稍嫌生疏外，他沒有給中華民國空軍丟臉。

落地後總教官笑著跟戚棣華開玩笑：他飛行紀錄上的 F-100 飛行時間，是否在後面漏寫了一個零。

戚棣華知道，自己通過了這項非正式的測試！

炸射班開訓當天，美方總教官在歡迎所有受訓學員時，中華民國空軍的六位受訓飛行員才知道，原來班上還有六位美軍飛行員也一同受訓。還有，這個炸射班並不只是原先想像的在訓練飛行員們「轟炸」與「射擊」的技巧而已，更是美國空軍訓練戰鬥機飛行員對戰術、戰法及武器運用的學校。

受訓期間的作息並不輕鬆，每天凌晨四點值日官就將所有學員叫醒，梳洗、早餐後，五點鐘開始任務提示，七點鐘著裝，八點鐘起飛，飛行訓練大約六十分鐘到九十分鐘，落地後立刻進行訓練任務歸詢。午餐是十二點到一點，餐後沒有午休，一點鐘開始上課，連上三堂課。四點半課程結束接著就是到健身房進行體能鍛鍊，六點鐘晚餐時才開始一天的休閒時刻。不過那時大家都已精疲力盡，飯後只想休息，什麼都不想幹了。

每星期一到五都是這樣緊密的作息時程，週六及週日兩天才是真正的休息。位於基地南方不遠處的拉斯維加斯賭城雖然不若今日的繁華，但是城裡的美食、賭場及秀場還是提供了六位飛行員足夠的休閒場所。

學校的訓練課程中包括了空對空與空對地兩大區塊。空對空的訓練課程當中，以美國空軍雙料空戰英雄佛瑞德・布雷賽少校（Fred Blesse，韓戰中擊落敵機十架）所著的《無膽即無榮譽》（No Guts, No Glory）一書做為教材。布雷賽少校曾在一九五五年到台灣考察我國空軍，對於我國空軍 F-86 飛行員的技術讚譽有加。[1] 他的這本著作也曾被翻譯成中文，在我國空軍中廣為傳閱，但是戚棣華覺得書本中的內容由美籍教官講述之後，再到空中實際操練，讓他對那些教條的認知就更為深入。

從原子彈到燃燒彈

空對地的訓練課程中有一課是原子彈的投擲。上課之前中華民國的六位學員獲悉自己不能參與訓練，因為美方的政策是不提供我國任何攻擊性的武器，更不會給我國原子彈這樣的大規模毀滅性武器，因此我國受訓學員不能參與這樣的課程，也是可以理解的措施。

不過，當時的領隊施濟東少校卻要求大家在與美軍受訓學員的閒聊中，盡量探聽那門課程的要點。結果在由幾位不同的受訓學員口中所得到的資訊，竟也能東拼西湊的將那門課程的要點記錄下來，帶回台灣。

空對地課程還有一項是燃燒彈投擲。在課堂上教官把所有不同的燃燒彈種類，一一講解給學員，戚棣華這才知道燃燒彈對地面目標最大的威脅，並不是爆炸後的火焰，而是爆炸時引起的高壓震波，加上燃燒時將附近的氧氣全燒盡，讓附近的人畜就算沒死於爆炸震波，也會因缺氧而罹難。即使燃燒彈沒被引燃，它在觸地時因外殼破裂，燃燒彈內部的液體也會在瞬間氣化，那種氣體是劇毒的，無論是碰到身上或吸入肺裡，都會讓人極度痛苦的死去。所以燃燒彈在戰場上的殺傷力，實在要比同重量的普通炸彈大得多。

當時美軍正在測試一種巨型的MK-79式燃燒彈，它的重量高達一千磅，長度也有一百六十八英吋（約四點三公尺），掛在F-100D型飛機的機腹下，燃燒彈尾部的安定面距離地面只有區區六英吋（十五公分）而已。因此若要帶著它起飛，不但要考慮重量，起飛時的仰角也要拿捏妥當，否則若讓燃燒彈的尾部安定面觸地，就會引起相當大的飛安問題。

教官在課堂上為了向學員們介紹這型燃燒

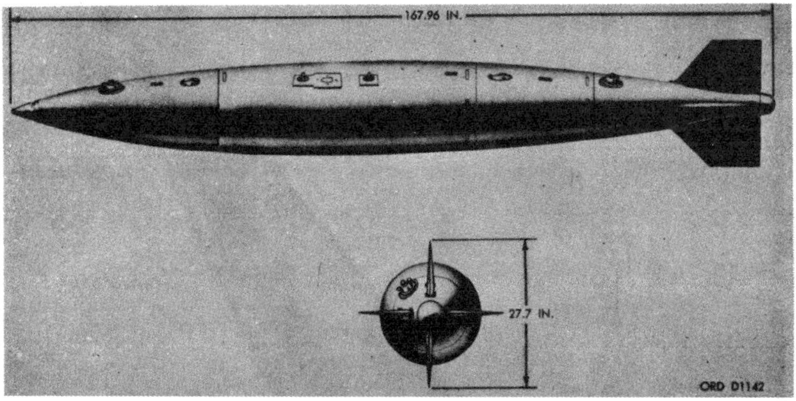

美軍於 1960 年代使用的 MK-79 燃燒彈威力驚人。

彈，還放了一段影片來顯示該型燃燒彈的威力。在影片中，學員們看到燃燒彈在距離地面二十英呎的高度被引燃，爆炸的震波立刻將一棟兩層樓的房子震垮，隨之而來的一股溫度高達幾千度的火焰，瞬間將正在崩塌的房子吞噬！

看到如此震撼的影片，戚棣華第一次感覺到在新型武器的威力下戰爭變得更加殘忍。他真希望將國家帶入戰爭的政治人物能有機會看到這個影片。

這堂燃燒彈的課程結束後，戚棣華被教官選中，成為全班第一位駕機到靶場去投擲MK-79型燃燒彈的學官。這時他已恢復了平常心，他只是去靶場將所學的投擲技巧加以驗證，這是他被國家派來此地的最主要原因。

那天清晨，戚棣華就像平常執行任務一般先參加任務提示。奈勒斯空軍基地的跑道是21號及3號，通常都是用3號跑道對著東北面起飛，但當天任務提示中戚棣華獲悉風向變了，必須改用21號跑道向西南起飛。他聽了之後一開始沒什麼反應，從哪個方向起飛對飛行員來說沒有太大差別，然後他突然想到：拉斯維加斯賭城就在21號跑道頭五浬處……

起飛前進行機外三百六十度目視檢查時，戚棣華還特別將那枚掛在機腹下的燃燒彈仔細看了一下，那真是個龐然大物。看著那枚巨大的燃燒彈，突然一個很奇怪的想法閃入腦海：如果發動機在起飛時故障，該如何處理機腹下那個巨大的燃燒彈？技令上只說盡可能不要帶著炸彈落地，但卻對放棄起飛時該如何處理這顆大炸彈，沒有任何指示……

機外檢查一切都沒問題了，戚棣華進入座艙，先將氧氣管接頭及抗G衣接頭接好，然後依照程序將發動機啟動。既然先前出現了「起飛時發動機故障」的奇怪念頭，所以他非常仔細的查看所有的儀錶，確定每一個系統都運轉正常。取得塔台的許可後，戚棣華把飛機滑出停機坪，滑向跑道。

燃燒彈下方就是繁華市中心

戚棣華把自己的F-100D帶進跑道，在跑道頭試大車時，再度將所有的發動機儀錶檢查一遍——要是起飛過程中發動機發生任何狀況，他實在無法承擔，尤其是帶著那麼大的燃燒彈。儀錶的指示還是一切正常，於是他很放心的將油門推到後燃器階段，頓時一陣像砲擊似的響聲由機尾傳來，緊接著就是一股巨大推力開始推著他的飛機在跑道上飛奔。

戚棣華不敢帶著大仰角起飛，因為機腹下掛著的那個大燃燒彈尾安定面距離地面僅有六英吋。他看著空速錶的指示達到起飛速度，感覺到飛機開始漂浮的時候，才輕輕的將駕駛桿向後稍微帶了一點，等到確定飛機已經開始爬升，他立刻將起落架收起，希望減少的阻力能換取較高的爬升率。

幾乎就在起落架收上的那一霎那，戚棣華看到儀錶板上的尾管溫度過熱警告燈開始閃爍。他簡直不敢相信他的眼睛！飛機真的就在起飛的關鍵時刻發生故障。沒有考慮，也沒有時間考慮，他立刻關掉後燃器，將油門收小，因為他的經驗與訓練告訴他，他必須立刻採取緊急措施來應付這個場面，要不然很可能在極短的時間內就會陷入萬劫不復的狀況。

做完那個動作之後，過熱警告燈隨即停止了閃亮，但是過重的飛機卻開始喪失高度，那時飛機的高度才兩百英呎左右，這樣用不了多久時間飛機就會撞到地面。他想到這裡，再想到機腹下的那枚燃燒彈，很自然地又將油門推上一點——他不可以讓飛機砸到地上，為了他自己，更為了在地面的芸芸眾生。

戚棣華將油門加上之後，高度錶的指針不再往逆時鐘方向迴轉，飛機開始以很小的上升率開始爬高，但這時尾管溫度警告燈再度開始閃亮。戚棣華咬緊牙關，將油門保持在那個位置大約十秒鐘，讓飛機爭取到更多高度，然後才將油門收回一些，讓警告燈熄滅。

「Nellis Tower, Cricket one six, fire warning light ON, request turning back to base. 奈勒斯塔臺，蟋蟀么六（威棣華那天的呼號）火警燈亮，要求返場落地。」威棣華用無線電向基地報出飛機的狀況。

無線電中一片寂靜。機場塔台接到威棣華發出的Mayday緊急訊號，沒有人敢做出任何建議，因為大家都知道那架飛機機腹下掛著一枚殺傷力極大的燃燒彈，如果發生任何差錯，誰也負擔不起後果。

「You are cleared to land on any runway. 可以在任何跑道落地。」塔台唯一給他的指示是這樣。

但威棣華自己卻沒有把握可以把飛機飛回機場落地。通常在這種情況下，必須先將所有外載拋棄，以減輕飛機的重量。但是那天的情況不同，威棣華知道他「不可以」將那枚巨大的燃燒彈隨便找個地方拋棄，機場附近也沒有空曠的地方可以將燃燒彈安全地投下，因此他必須將它帶回去落地。但這樣卻是違反技令的行為。

當天飛機是用21號跑道向西南方向起飛，因此即使威棣華將油門收小，飛機仍是以近兩百浬空速對著拉斯維加斯賭城飛去，而過小的油門導致飛機再度下沉，戚棣華看著逐漸接近中的賭城，知道無論如何他必須避開賭城及附近的房子。於是他在沒有補油門的狀態下，開始向右做極小坡度的轉彎——他不敢補油門的原因是怕發動機在過熱的情況下著火，那麼掛在機腹下的那枚燃燒彈勢必會被點燃，而他又正向賭城飛去，這樣會是多麼恐怖的一件事！讓飛機在低高度並且是在下沈的狀態下轉彎，雖然危險，但是戚棣華知道這是一個可以控制的情況，因此是可以接受的風險。

戚棣華調轉機頭進入三邊後，這時已經沒有對地面的安全顧慮，於是他將油門推上，飛機在發動機高頻的吼聲下，再度開始以小角度爬升，而尾管溫度過高的警告燈也隨即開始閃亮。他本想試著將油門多開幾秒鐘，讓飛機多爭取一些高度，但是他想到萬一發動機起火，火勢波及燃燒彈，那就不是他一個人的事了，於是又將油門收回，讓警告燈熄滅。

這時飛機的高度頂多只有一百呎，地面的行人與車輛都看得清清楚楚，他在美國從來沒有飛在這麼低的高度（這是違反規定的）。不過當時只要能安全的飛回去，他想基地的長官應該也不會介意他飛得有多低。

該違反的規定統統違反了

屋漏偏逢連夜雨，就在這緊張萬分的時刻，右手邊另一枚警告燈也亮了，那是滑油壓力降低的警告燈。在平時這兩個警告燈都亮起的話，他會毫不考慮的棄機跳傘，但是那天跳傘不是選項，他必須違反一切規定，駕著一架故障的飛機，以超低空的方式帶著一枚巨大的燃燒彈落地。那是唯一救人救己的方法！

在低空又低速的狀況下，戚棣華知道不可以做大坡度轉彎，因此他刻意將三邊飛得寬一點、長一點，這樣在轉四邊及五邊時，就可以將轉彎坡度盡量壓淺。而飛個長五邊落地，也可使他擁有足夠時間修正方向。

就這樣，戚棣華將油門收收放放的，使飛機保持最小可以繼續飛行的空速，讓飛機對著機場的21號跑道飛去——剛剛就是用這條跑道起飛的，落在它上面可以避免順風落地，衝出跑道的機率就相對小一些。

飛機轉入五邊，對準跑道飛去，這時戚棣華又想到自己帶著那麼大的一個燃燒彈，所以不能以大仰角落地。再說飛機現在還是滿油，又有那麼重的外載，他必須要落得非常輕，這樣才能避免起落架折斷、讓燃燒彈擦地的恐怖後果。

飛機接近跑道時，戚棣華將起落架的手柄放下，飛機的空速在起落架釋出後又往下掉了一格。這個關頭他不敢將油門推上，因為掙扎飛了一圈之後，他實在不願意在降落之前因為自己多加了油門導致發動機起火。他只有稍微將機頭鬆下一點，以高度換得一點速度，讓飛機保持在可以操縱與飛行的情況下向跑道接近。

飛機以接近失速的速度飛越在跑道頭等待的救火車，然後戚棣華幾乎是以輕三點的方式將飛機落在跑道上。他感覺到主輪觸地時燃燒彈並沒有觸地，這使他放心不少，他隨即將油門關死，等飛機的速度降到一百三十浬時，再將阻力傘拉開。飛機很明顯的慢了下來，他鬆了一口大氣。

在他之前應該沒有任何人曾如此的將一架噴射戰鬥機落在跑道上，他也不希望在他之後有任何人如此落地。因為那實在是極度危險的動作。

戚棣華以餘速將飛機滑出跑道進入滑行道，耳機中傳來地面管制請他就地將飛機停妥的指令。於是他踏下煞車將飛機停妥，打開座艙罩，解開肩帶，沒等機工長將登機梯架妥，他就先跳了下來。那時他才注意到除了後面跟著的一大批救火車之外，頭頂上還有兩架直升機在盤旋。

一輛轎車開到他的旁邊停下，一位肩上兩顆星的將軍由車上下來，戚棣華從來沒有見過這位將軍，但他直覺認為應該是基地指揮官。因此他立刻舉手敬了個禮，將軍還禮之後，拍著戚棣華的肩膀說：Lieutenant, you did a great job by bringing this airplane back!（中尉，你能將這架飛機飛回來落地，真是不簡單。）

戚棣華在飛機故障的情況下帶著燃燒彈落地的事，很快就傳遍了基地。當晚在餐廳用餐時許多人都前來與他握手，豎起大拇指說：「頂好！」這大概是基地美軍們所能立刻學到的一句中文讚美語了。

那天在極度困難的狀況下，戚棣華冒著生命危險將故障的飛機飛回機場落地，除了他高超的飛行技術之外，更因為他有著一顆慈善的心，不忍看到任何人在那種情況下無謂的喪生。當年拉斯維加斯賭城的居民可能沒人知道，有一位中華民國的飛行軍官曾經替這個城市擋掉了一場原本應是世紀大災難的慘劇。

1在一場模擬空戰中，布雷賽少校曾被我國空軍的趙人驥中尉咬著尾巴，無法擺脫，而必須擺翼認輸。

第9章

方向與命運

張蜀樵少校

民國三十八年初開始，中華民國政府在國共內戰中連串潰敗。北平與天津在一月間相繼失守，二月底一艘剛由英國返國的重慶號巡洋艦叛變投共。三月初林彪所率的一股共軍順平漢線南下直抵長江北岸。四月中旬國軍由首都南京撤出，四月底太原被共軍攻陷，五月底上海淪陷。六月初青島淪陷，宜昌及南昌陸續於七月中旬淪陷。

這些城市相繼淪陷的同時，國民政府高層開始把軍隊撤往台灣，以便保全實力。空軍因為本身機動性就很強，所以在當年七月底的時候，已將大部分的兵力進駐到台灣的各個機場，並開始由台灣對大陸的中共據點進行攻擊，以掩護海、陸軍部隊撤退。

當年八月底，國防部有情報指出，中共在杭州灣出海口處、舟山島對面的大榭島附近聚集船隻，似乎企圖對舟山島上國軍進行攻擊。因此國防部下令空軍總司令部在八月二十七日上午派出四架 B-24 前往該處，炸毀那些聚集的艦艇。

解放者新竹起飛

當時 B-24 所屬的八大隊駐在新竹空軍基地，大隊長張培義上校接到總司令部下達的命令後，決定讓三十三中隊與三十四中隊各派出兩架 B-24 來執行這項任務。

三十三中隊所派出的兩架飛機是秦龍藻少校機組，及另外一位至今已無人記得機長名字的機組。三十四中隊則派出了張蜀樵少校機組及劉牧雲少校機組，而張蜀樵少校則受命擔任這四架飛機的領隊。

八大隊剛進駐新竹機場時，跑道僅有五千餘呎長，這個長度無法讓 B-24 在掛滿炸彈及滿油狀況下起飛，因此必須先以空機飛往台南機場，在那裡加油掛彈之後，再從台南起飛執行任務。

四架飛機的組員於二十七日清晨五點在新竹基地接受任務提示，然後於六點以每三分鐘一架的間隔，由新竹起飛前往台南。

B-24 是美國統合飛機公司（Consolidated Aircraft Corporation）在二次大戰期間所製造生產的四引擎重轟炸機。中華民國空軍在美國的〈租借法案〉下，於民國三十三年獲得四十架此型轟炸機，並由八大隊派到美國受訓的組員將這些飛機由美國飛回國內。

臨界點離地

當天那四架 B-24 在上午七點之前抵達台南，落地後地勤人員立刻開始加油及掛彈作業。劉牧雲回憶，每架飛機都在彈艙內掛了八枚五百磅炸彈，同時因為由台南到大樹島的航路規劃，單程距離就有四百五十餘浬，來回近一千浬的長途飛行所需要的燃油也是相當可觀，因此在地面作業期間，幾位飛行員就專心根據當天的氣溫、風向、風速、氣壓及飛機的重量，來計算起飛時所需要的跑道長度。

秦龍藻與張蜀樵是空軍官校八期的同學，兩人雖然不在同一個中隊，仍然來往的很密切。秦龍藻記得那天在張蜀樵算完起飛跑道長度時曾對他說：「多緊湊啊，今天任何一個狀況稍微改變一點，氣溫高一點，風速小一點或重量重一點，飛機就可能飛不起來了。」

秦龍藻自己計算的結果與張蜀樵大同小異，飛機都是在臨界點離地。這種情況下，飛行員在達到起飛決定點時，[1]必須迅速根據飛機當時的狀況，來決定是要繼續起飛或是放棄起飛。不過，在軍中「誓死達成任務」的教條下，每個飛行員都是用盡方法，拼了命也要將飛機飛上天空去。

四架飛機在八點五十分左右才完成加油掛彈作業，那時距九點起飛的時間已經相當接近。因此等最後一架飛機宣布準備妥當之後，張蜀樵立刻通知所有飛機將發動機啟動，頓時停機坪上爆出一陣發動機啟動的聲音，隨著那震耳欲聾的聲音而來的是由發動機排氣管中所排出的白煙。

張蜀樵的飛機在四具發動機全部啟動之後，馬上滑出停機坪，對著跑道滑去，緊跟在後面的是劉牧雲的二號機，秦龍藻的那架飛機也緊隨在後。

張蜀樵將飛機滑進跑道後，將煞車踏緊，同時將四隻油門手柄緩緩推向前，整架飛機在四個螺旋槳快速轉動下不斷的抖動。張蜀樵注意著儀錶板上四具發動機的轉速及歧管壓力，等發動機的轉速穩定之後，便鬆開了煞車，飛機開始向前衝。

拉起，垂下，觸地

劉牧雲在後方見到張蜀樵的飛機開始起飛滾行之後，就將自己的飛機滑進跑道，把機頭對準跑道中線停妥。他緊踏著煞車踏板，而副駕駛將油門推上，全神貫注觀察前面那架正在起飛的飛機。等到前面張蜀樵的飛機抬起機頭，建立仰角飛進藍天之際，劉牧雲隨即鬆開煞車，讓自己的飛機也開始起飛滾行。

前方張蜀樵的飛機已經離地，但是似乎沒有足夠的馬力讓飛機爬升，整架飛機在離地幾十呎的空中掙扎著前進。副駕駛金治能上尉將起落架收上，希望能減少一些阻力，讓飛機得到足夠的空速開始爬升，卻沒什麼用，飛機的空速始終在一百浬左右。

正在跑道上衝刺著前進的劉牧雲，也看出張蜀樵的飛機有問題了，他正在擔心張蜀樵能不能爬升之際，就見到張蜀樵飛機的機頭突然拉了起來，他心中暗叫不好，因為在空速不夠的情況下，貿然拉高機頭會造成飛機失速。

劉牧雲擔心的事真的就在下一秒鐘發生：張蜀樵的機頭拉起後，很快的就垂下；飛機的高度本來就不高，機頭垂下後幾乎是立刻觸地，摔在跑道頭的清除區外，機頭撞在地上，整架飛機機尾朝上的佇立在那裡。

看著張蜀樵的飛機幾乎是以垂直的角度摔在跑道頭，讓劉牧雲大吃一驚，因為他已經接近起飛速度，如果繼續起飛，他不確定是否能飛越過矗立在跑道頭的那架飛機六十餘呎的高度；[2] 如果他放棄起飛，也不知道自己能不能在撞到那架飛機之前停住。

此刻在跑道上等待起飛的秦龍藻將這一切看在眼裡，立刻知道一場不可避免的大災難即將發生，於是馬上通知塔台，要求派出救火車。沒想到塔台回覆竟是基地沒有消防設備，必須通知台南市的消防隊。他才想起空軍剛由大陸遷到台灣，許多設施都未到位。這下只有眼睜睜看著劉牧雲的飛機，對著張蜀樵已墜毀的飛機衝過去。

而跑道上的劉牧雲則在這一瞬間快速決定繼續起飛，因為此時飛機速度那麼大，放棄起飛的話一定會撞上那架飛機——在滿油、滿載炸彈的狀況下，後果可想而知；如果拼著起飛，或許還有機會飛越那架飛機高聳的殘骸。

飛機達到起飛速度之際，劉牧雲將機頭稍微抬起，讓飛機保持在離地五、六呎的高度，副駕駛也在這一刻很有默契地把起落架收起，飛機繼續貼著跑道以十呎以下的高度，對著那架摔在跑道頭不遠處的飛機衝過去。等到飛機快飛到跑道頭時，劉牧雲將駕駛盤稍微向後帶了一點，飛機的機頭抬起，幾乎是擦著墜毀那架飛機的機尾飛過。通過那架飛機殘骸後，劉牧雲將機頭再度壓下，讓飛機的速度再增加一些，然後才將機頭帶起開始爬高。

奔跑的方向，決定命運

張蜀樵的飛機機頭剛撞地時，一陣巨大的撞擊力讓副駕駛金治能上尉昏了過去，但他很快就恢復了知覺，然後幾乎同時聞到座艙中有強烈的汽油味，又看到機身油箱內漏出的汽油正大量的淋進駕駛艙。他趕緊先關閉飛機上的總電門，然後解開安全帶，這時他看到坐在正駕駛座位上的張蜀樵也醒了，於是兩人就一同由駕駛艙後方的緊急逃生門逃出飛機。

逃出飛機之後，兩人看到軍械員金大源上士正由飛機腰部的機槍口爬出，跳到地面，緊接著機工長李恭壽士官長也由前艙的緊急逃生門逃出。

機上一共有八位組員，駕駛艙裡面及後面的人均能逃出，可是前艙的轟炸員許聲芳上尉、領航員段宗虞上尉、通訊員劉伸中尉及見習飛行官楊明儒少尉等四人還沒逃出，於是張蜀樵跑到機頭附近，想看看能否將領航員座位上的半圓形航行窗打開。然而就在這時「轟」的一聲，機身油箱漏出來的油在飛機內開始燃燒，大家先是向後退，但是很快的機身兩挺五零機槍的子彈就被烈火點燃爆炸，子彈開始由機身內部向四方亂射。四位逃出飛機的人為了避免被流彈所傷，開始向四下奔逃。

「向四下奔逃」的說法真的很貼切：金治能向飛機的右後方跑去，金大源向飛機的後方奔跑，而張蜀樵及李恭壽兩人則是一同往飛機的前面跑。然而誰也沒想到這逃跑的方向竟然關

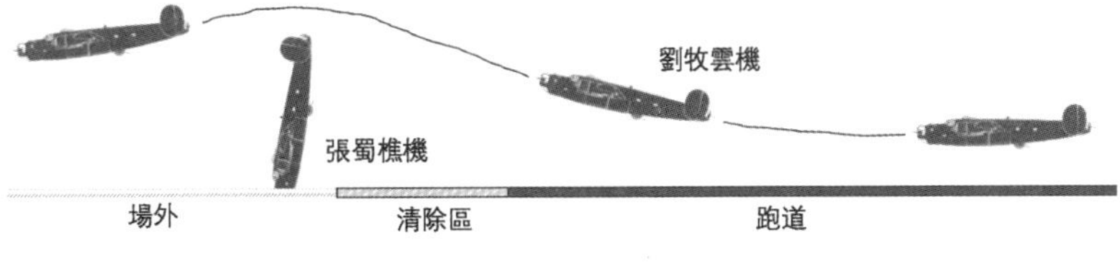

張蜀樵的 1 號機墜毀後，2 號機驚險掠過了殘骸而升空。（圖／王立楨提供）

係到這些人的生死存亡！

機身內的八枚五百磅炸彈在烈火燃燒下開始陸續爆炸，而飛機在設計時工程師曾考慮到底部會遭受地面砲火的攻擊，因此飛機底部就有裝甲設備，至於上部頂端部分僅只是薄薄的一層鋁皮而已。所以在炸彈爆炸時，主要威力是向機身上方炸開。而當時飛機是豎立的狀態，飛機的上方正是原來飛機的前方，於是往飛機前面跑的張蜀樵及李恭壽兩人就被炸彈爆炸時的威力及飛竄的碎片擊中殉職，金治能及金大源兩人則得以免於受難。

而劉牧雲起飛之後，先是圍著機場盤旋在空中觀察，當墜毀的那架飛機爆炸時，他在空中都可以感受到爆炸引起的空氣波動。他繼續在台南基地上空盤旋了半個小時，才接到大隊部傳來任務取消的命令，要他將炸彈拋棄在海面，然後返回新竹基地落地。

在台南的現場，秦龍藻將飛機滑回停機坪停妥，立刻找了一部車子前往失事現場。這時台南市的救火隊已經到達，但不知道飛機上是否還有未爆彈，因此僅能在支離破裂、仍在燃燒的飛機旁拉起封鎖線，並未接近飛機旁去滅火。飛機旁有兩塊白布蓋住的屍體，秦龍藻走過去將布掀開，看到僅僅不到一個鐘頭前還在與他聊天的張蜀樵，竟然已經魂歸天國。

秦龍藻在張蜀樵的身旁蹲了下去，握住那尚有餘溫的手，眼淚簌簌的流了下來，為的是剛離去的朋友，更為了這場在他看來是毫無意義而且骨肉相殘的內戰。

當天中午之前，八大隊已確知有六位同僚因飛機失事而犧牲，大隊長本想要馬上派一架飛機帶著參謀行政人員前往台南處理此事，但這時失事的飛機殘骸還在台南機場的跑道外，因此台南機場已關

張蜀樵墜機後雖然僥倖逃出，命運卻讓他跑錯方向而殞命。（圖／王立楨提供）

閉。八大隊的人只好從新竹開車前往。

棺材超買記

秦龍藻回憶起當天後繼發生的事，說出了一件非常詭異的故事……

八大隊處理這件事的幾位人員到達台南之後，立刻分頭去處理該做的事，其中有位行政官的任務是替殉職人員買棺材。行政官在機場問了一位台灣籍的士兵，知道距機場最近的一家棺材店在哪裡，就自己開著車子去了。當時那位行政官想著只要帶錢就可以將事情辦妥，根本沒想到除了錢之外，還有語言的問題。台灣在光復之前所使用的語言是台灣話及日語，光復後才慢慢開始有人學國語，而那位行政官根本不會說台灣話，因此他抵達棺材店之後，無法與店家溝通。

店家於是找了鄰近一家雜貨店一位曾在上海待過的伙計來充當翻譯，那人雖然會說上海話，卻對於那位行政官的四川口音國語，聽得似懂非懂；至於行政官則是完全不懂上海話。這時行政官突然想到了秦始皇「書同文」的政策，聽不懂總看得懂吧，他立刻拿出鋼筆，在紙上寫下了「要購買六具棺材」。這麼一來大家都懂了。

不過店家的存貨不夠，只有四具棺材可以立刻送到機場。但店家告訴行政官另一家店鋪，距離也不遠，應該可以把所需的兩具買齊。

行政官急急趕到另一家店，這次他直接用筆寫下他的需求，這家店家不但表示可以馬上將棺材送到空軍基地去，而且因為是為了空軍殉職人員所需，他們可以打八折，以示對軍人的敬意。

行政官回到基地後不久，兩家棺材店就將所訂的棺材送到。行政官點貨付錢的時候，卻發現出了大問題。

第二家店送來了三具棺材。

行政官連忙表示只訂了兩具，但店家將當時他所寫的字條拿出來，指給他看上面寫的是「三」具。行政官一看瞬間傻眼，因為他自認為寫的是「二」，但是在那兩橫之間，不知是滴了點墨水，或是有人故意添了一點，因此看起來簡直就是「三」。

雙方為這事起了爭執，而因為語言不通的關係，還在機場找了會說台灣話的人來翻譯。一開始行政官還以為是不良商人想多做生意而做出的奧步，可是很快就瞭解對方並不是故意要坑軍人——店家也承認原因應該出自溝通不良，可是也強調：多出來的那具棺材他們可以不要收錢，但是絕對不可退貨。

行政官也表示他願意多付些錢，可是請店家無論如何必須將那具棺材抬回去，因為在空軍基地裡絕對不允許放一具沒主的棺材，那是非常晦氣的事。然而店家卻堅決表示「棺材」出門絕對絕對不可以退。

就在雙方無法達到共識時，擔任翻譯的人心生一計：店家不要打八折，而軍方按實價付兩具棺材的錢，然後將那多出來的棺材捐給當地鎮公所，供貧戶人家或無名屍使用。這是個雙贏的好辦法。

雙方對這個提議都沒有異議，於是原本看似無解的問題就輕鬆的解決了。

冥冥中這個故事不能結束

秦龍藻將這事告訴我時，還說了一句：這件事如果就這麼落幕，就不能稱之為詭異了……

那位行政官當晚必須返回新竹，於是在晚間九點多獨自駕車由台南出發，開往新竹。也許是經過一天的忙碌，他是有些累了……他在嘉義附近翻車，當場殞命。

那具多出來的棺材，其實一直都是為他準備的！

這件發生在七十餘年前的不幸事件，在歷史的洪流中並沒有引起太大的波瀾，除了那些殉難者的家屬之外，沒有太多人知道或記得這件事。我是在一九八八年去拜訪秦龍藻教官時，聽他說到這個詭異的故事，以及他當時是第三架飛機——但許多細節他已忘記了。後來我在二〇〇三年於洛杉磯見到劉牧雲教官，他對我述說他一生中的幾件難忘的飛行事件時，竟然說出同樣的故事，同時表示他就是當天的第二架飛機。然而他也不記得這件事發生的日期，也不記得張蜀樵那架飛機上的組員姓名。

聽了兩位老人說了同樣的故事之後，我有了將這件事寫下來的念頭，但還缺少更詳細的資料，所以這個故事一直放在我的腦海裡。

到了二〇一〇年左右，空小校友會的秘書長何又新女士知道我在找這件事的資料，就帶我前往新竹空軍眷村去找八大隊的老人。結果還真有幾位老人記得這件事，其中一位老人告訴我，當時在隊上對這件事，出現了「真金不怕火煉」的說法——這次墜機事件中僅有的兩位存活人士都是姓金。然而除此之外，他也不記得任何其他的細節。

又過了幾年，有一次前 U-2 高空偵察機飛行員蔡盛雄教官突然問我知不知道張蜀樵教官的事。當時我很奇怪，他怎麼會問我這個問題？沒想到竟然是張蜀樵的兒子張忠意託蔡盛雄找我，想請我將他父親的故事寫下來。張忠意是張蜀樵教官的次子，已繼承父志，也是中華民國空軍的飛行軍官，且是蔡盛雄在空軍官校的同學。我為這事曾與張忠意教官聯絡過幾次，然而在我們有機會見面之前，他就因癌症去世。

在過去三十餘年間，這件故事竟然三番兩次在各種場合下，由不同的人來告訴我一些不同面向的點滴，這使我感覺到冥冥中似乎有一股力量在推動著我，將這件事的經過記載下來。於是我在第一次聽見這個故事的三十年後，開始積極的尋找這個失事案件的完整資料。

終於在二〇二〇年春天，在一位朋友的協助下我找到了這架飛機的失事報告。上面寫著飛機失事的原因是因為天氣過熱，發動機無法產生足夠的馬力讓飛機爬升而導致失速。藉著失事報告上的描述，我彷彿看到了那架飛機失事的經過……更似乎體會到張蜀樵在飛機因馬力不足而無法爬升時，心中的那股絕望與無助的感覺……

張蜀樵及他組員的犧牲，看在一般人眼裡僅是一次「平常」的飛機失事，其實他們也真是在執行「平常」的任務時，因飛機故障而為國家犧牲了生命。在軍人的生涯中，保家衛國讓人民有個安定的生活環境是無可推卸的天職，在執行這個職務的過程中，有些人付出了終極的代價。而我們一般人在享受自由的環境時，卻少有人瞭解：自由是要付出代價的！

1 飛機在達到起飛決定點時，如果飛行員在那時決定放棄起飛，飛機尚可以在剩餘的跑道上安全停下，過了那一點之後，如果放棄起飛就有衝出跑道的風險。

2 B-24飛機的長度是67呎，約20公尺。

第10章

攻擊攻擊再攻擊！

吳仲渤少尉

民國三十七年七月一日，杭州筧橋空軍軍官學校大禮堂內正進行第二十五期的畢業典禮。這一期的九十四位畢業生多半是響應「十萬青年十萬軍」的口號，於民國三十四年六月進入空軍，抱著驅逐日寇的心願進入軍旅，然而尚未完成最基本的入伍訓練，日本就已投降。他們在嚴格的訓練及嚴厲的淘汰制度下完成了初、高級飛行訓練，在掛上飛行胸章及空軍准尉官階後，立刻被分發到各個大隊直接投入戰場，只是那時他們的敵人已變成中國共產黨的解放軍。

在不同的理念下，一大群年輕人為著自己效忠的對象，在戰場上與對方廝殺，重複著中國五千餘年來從未改變的戲碼。

當時國共內戰已經進入白熱化，東北、華北及華中地區都各有不同的戰事進行著。山海關外的東北諸省在民國三十七年相繼失守，徐蚌會戰也在民國三十八年一月初以敗仗收場，而原本就被包圍孤立的天津與北平在民國三十八年一月間陸續淪陷。

當時抗日戰爭才結束四年。人民不懂為什麼先前經過八年的對日戰爭，沒過上兩天好日子，又要開始顛沛流離的逃難生活，而這次作戰的對象，竟還是同文同種的國人。於是許多民意代表及社會賢達人士呼籲政府，「立刻放棄戰爭，就地停戰，謀取和平。」

國軍雖然有著機械化部隊及空軍的優勢，但在人民痛恨戰爭及共產黨「反內戰」、

「反飢餓」的口號下，終於不敵共產黨的攻勢而節節敗退。民國三十八年十月一日「中華人民共和國」在北平成立時，整個大陸只剩西北與西南一些地區還在國民政府的控制之下，國民政府及軍隊的主力都已撤退到台灣及大陸沿海的一些島嶼。

空軍因為機動性強，同時有著超強的運輸能力，因此在三軍撤退行動中是實力保持最完整的軍種，不但所有部隊安全抵台，而且在撤守的行動中還能持續執行作戰任務，掩護其它部隊撤往台灣。

當時在大陸沿海諸多島嶼中，有機場可供戰鬥機起落的只有舟山群島的定海、金門與海南島這三個地方。當時空軍總司令部安排四大隊每個月派一個中隊進駐定海，執行對上海及杭州灣附近的作戰任務。五大隊則是每個月派一個中隊進駐海南島，執行對雷州半島及廣東沿海的作戰任務。

進駐海南島

民國三十九年二月，五大隊二十六中隊輪到海南島的勤務，全隊十餘架 P-51D 野馬式戰鬥機在隊長冷培澍少校的率領下，由桃園直飛海南島，地勤人員則搭乘兩架 C-46 運輸機前往。

冷培澍少校是空軍第一批赴美學習飛行的軍官，他在美國不但學會了飛行，更學到了美國西部牛仔的那股桀驁不羈、驍勇善戰的性格。他對隊上所有飛行員的要求就是隨時都要有攻擊精神，「攻擊，攻擊，再攻擊！」絕對不能對敵人心軟，這也是他在抗戰期間擊落四架日軍飛機的主要原因。

在二十六中隊進駐海口基地時，中共解放軍已經佔領廣東，大批軍隊進入雷州半島，與海南島上的國軍隔海相望，戰爭隨時都有可能發生。

海南島上的國軍總指揮是抗日名將薛岳，他在八年戰爭中曾多次戰勝日軍，被公認是「抗戰中殲滅日軍最多的中國將領」。雖然他是陸軍，對空權卻有相當的認識，他對駐在海南島上的空軍表示，空軍在當地最主要任務，就是由空中監視並阻絕任何共軍部隊渡海攻擊海南島的企圖。他認為由空中對渡海的解放軍進行攻擊，絕對比在陸地上兩軍對抗要簡單，因此他要求空軍在空中只要看到有「任何」企圖由雷州半島往海南島開的船隻，不必請示就可以直接攻擊。

二十六中隊進駐海南島後，每天清晨開始就不定時的起飛，對雷州半島與海南島之間的海域進行巡邏。而中共方面鑒於前一年（民國三十八年）十月間在金門古寧頭渡海作戰時吃了大虧，因此雖然在雷州半島已經集結了大批軍隊，卻也不敢輕易出兵渡海。

就在冷培澍抵達海口之後的第二天，國防部得到了一個由香港九龍傳回的情報：「中共經由南方貿易公司購買的一千五百桶汽油及三百桶柴油，正在深圳車站待運。」情報只表示那些油料「正在深圳車站待運」，而不知道何時會運出，因此如要

吳仲渤主動請求出擊海南島，開啟一連串悲傷的故事。

攔截那批油料，就必須立刻行動。

進擊深圳

當時距深圳最近的空軍部隊，就是在海口機場的第二十六中隊。於是國防部透過空軍總部下令給冷培澍中隊長，要他「即刻」派出兩架飛機前往深圳，將那批待運的油料摧毀。而深圳就在大陸與英屬九龍租界的邊界，空軍總部還特別要求，任務飛機「不得侵入九龍／新界上空」，以免造成國際糾紛。

冷培澍決定自己領隊出擊，並選定路靖少尉當他的僚機。[1] 路靖一年多前才剛由空軍官校二十五期畢業，經驗不算豐富，但他的身手卻非常靈活，操縱起飛機來更是有模有樣，也就是因為他的靈活身手，使他在籃球場上是一位不可多得的後衛球員。

命令要求必須盡快出發，以免那批油料被運走，因此冷培澍隊長在做任務提示時，僅是很簡單的告訴路靖，跟隊跟緊一點，到了深圳上空目視目標之後，再聽令攻擊目標。要攻擊的目標是汽油與柴油，都是易燃品，因此只用機槍對準目標掃射即可，不必攜帶炸彈或火箭。

氣象預報指出，由海口到廣東陽江的氣候都非常惡劣，一路密雲，但是過了陽江之後雲層就會逐漸疏散，香港、澳門及九龍／新界一帶都是晴天，能見度在五浬以上。

海口到深圳大約是二百七十浬（約五百公里），來回航程加上作戰時間，以野馬的速度來算，大約要三個半小時。這種航程野馬機身油箱的油量就可應付，但是為了安全起見，冷培澍決定還是攜帶副油箱以策安全，這樣即使在任務結束返航時，如果海口機場氣候不好，他們也可以轉回臺灣落地。

這個任務最棘手的一點就是深圳與九龍僅是一線之隔，在天空不大容易看出區分這兩地的界線。如果誤入九龍／新界上空，導致英國駐香港的皇家空軍起飛前來攔截，該怎麼應付？總部的命令中並沒有提到如何在英軍的干擾之下達成任務，冷培澍知道這將是考驗自己智慧的時候。

冷培澍告訴路靖：海口機場上空就是密雲，所以兩架飛機以一分鐘間隔分別起飛，各自在雲中爬高，出雲之後再集合編隊飛往深圳。

任務提示完畢，飛機也準備妥當，冷培澍與路靖兩人走向座機。這時冷培澍看了看錶對路靖說：「現在是九點，我們可以回來吃午飯！」

對地掃射

冷培澍的飛機於九點十五分由海口機場起飛，飛機幾乎是離地沒多久就進入密雲之中，雲中亂流使得飛機真如一匹脫韁野馬一樣亂竄，伴隨著劇烈的抖動。冷培澍努力控制飛機保持航向在雲中爬升。

冷培澍的飛機在一萬二千呎出雲，他讓飛機繼續爬高到一萬三千呎，才開始盤旋等待路靖。他一圈還沒轉完，就看見路靖的飛機也出雲了。那時路靖大概也看到了冷培澍的飛機，於是搖了搖機翼，並將飛機小心地湊了上來，飛在冷培澍右後方約三百呎處。

冷培澍見路靖的飛機編好隊形之後，用無線電通知路靖：「Two（二號機），我們先試槍。」

冷培澍說著將武器電門打開，短暫扣下板機，頓時雙翼上的六挺五零機槍冒出一陣火光，閃亮的曳光彈在空中畫出幾道光痕。機槍運作正常。

「Lead（領隊）機槍正常。」冷培澍通知路靖。

「Two 機槍正常。」路靖也馬上將自己試槍的結果回報冷培澍。

武器測試完畢後，冷培澍對準深圳方向飛去，路靖以疏開隊形飛在他的右後方。

當時飛機的領航設備非常簡陋，冷培澍僅是靠著羅盤與航圖，用推測航行的方法，將飛機定向深圳的方位飛行。

起飛一個鐘頭之後，翼下的雲層開始疏散，冷培澍隱約可以看見地面，他正飛在海岸線上空。飛機的右邊有幾個島嶼，他與航圖比較了一下，覺得應該就是川山群島，這表示他的航行正確，九龍及深圳就在八十餘浬的前方。

「Two，再過二十多分鐘就要到目標了，到達之後我們先在空中繞幾圈，等看清楚目標之後再攻擊，你跟著我行動。注意附近空中狀況，如果看到有英國噴火式飛機來攔截，我們就往內陸飛，不要跟他們糾纏，他們不會越界追到大陸上空。」冷培澍知道英軍會避免進入大陸，就像總司令部要他注意不要進入九龍／新界一樣。

「Roger（知道了）。」路靖簡單回答。

又飛了一陣子，珠江出海口在飛機前方出現，九龍／新界就在飛機一點鐘方位，目標區到了。

冷培澍搖了搖機翼，路靖立刻將飛機向冷培澍的飛機靠近，變成密集隊形。

「Two，Weapons Hot（武器電門開），注意，緊跟著我，同時注意空中狀況。」冷培澍再度提醒路靖。

冷培澍將飛機順著珠江往上游飛了一陣，然後向右轉進入大陸，同時將飛機的高度降到五百呎，從大陸方面朝向深圳飛去，並在空中尋找目標，這樣可以減少誤入英界的機會。

一千多個汽油桶放在一起，目標相當顯著，冷培澍在第一次通過時就輕易看見了。他將飛機高度拉高，圍著那批油桶飛了幾圈，查看附近的情勢及風向，同時觀測地面有沒有防空砲火。

幾圈之後發現附近並沒有任何防空炮位，也沒有住戶，這樣可以避免傷及地面無辜民眾。

「Two，跟我進入！」冷培澍說著將機頭推下，對著車站俯衝而去，路靖緊緊的跟在他的後面。

高度錶的指針快速迴轉，那批汽油桶的影像也在瞄準具中不斷放大。飛機通過車站的建築物後，冷培澍扣下板機，六挺五零機槍所噴出的火龍擊中了汽油桶，「轟」的一聲汽油桶爆炸，從地面往上竄起橘紅色的火焰及黑煙。飛機由黑煙中衝過時，冷培澍似乎可以感覺到汽油燃燒時所產生的熱氣。

冷培澍通過那團黑煙，接著往自己的右後方瞟了一眼，看到路靖還是緊緊跟在自己後面，這使他放心不少。在執行作戰任務時，一個稱職的僚機會讓長機免於後顧之憂。

「哇！Lead，好大的火。」路靖很興奮的向冷培澍報告，那是他第一次在對地面攻擊時見到如此的場面。

「待會兒我們將下面那些汽油桶全打爆之後，火會更大。」冷培澍笑著回答。

冷培澍爬升到三百呎的時候向左做了個一百八十度的小轉彎。等他完全轉過來之後，看到地面燃燒的汽油桶所產生的黑煙已經衝到半天高，不但將遠處的視野完全擋住，連地面的景象也都遮閉了。他僅能根據攻擊之前所看到的汽油桶位置，來決定第二次攻擊的方向。

就這樣，兩架野馬又對著地面攻擊了兩次，每次攻擊都引起更多的爆炸及火焰與黑煙，天空中的氣流也因為汽油燃燒時所產生的高溫而變得非常不穩，飛機在亂流中顛簸著飛行。冷培澍又圍著目標上空飛了幾圈，想看看有沒有漏掉任何獵物。他在空中看著黑煙中不時爆出新的火焰，知道大批汽油桶爆炸燃燒後所產生的高溫及火焰，已經將那些沒被打到的汽油桶引燃，地面所有的汽油桶及柴油桶將無一倖免，這是一次完全成功的任務！

冷培澍回頭看了一下，路靖還是緊緊飛在他的右後方。

「Two，準備回航，今天你的表現不錯。」

「Roger，謝謝隊長。」路靖說話的口氣中顯示出他興奮的心情。

冷培澍將飛機爬到七千呎，對準海南島飛去。回程的天候比去的時候好很多，密雲已變成疏雲，兩人順利在下午一點之前回到海口機場落地。

空軍總司令部極度讚賞此次成功的出擊。因為在一連串的軍事失利消息中，難得能有如此令人振奮的戰績，空軍總司令周至柔上將特別下令海南空軍指揮部的指揮官陳有維少將，頒發獎金給冷培澍及路靖，獎勵兩人在這次任務中的表現。

慷慨請纓

任務大捷的消息很快傳回台灣，五大隊的隊友們都為兩位同僚感到高興，尤其是路靖的同學吳仲渤少尉，他希望自己也能有這種機會立下戰功。因為他在畢業之後的這一年多中，不但出了許多作戰任務，也贏得了女朋友的芳心，將於當年四月結婚。他也已呈上結婚申請，他覺得如果在婚前能再立下這樣的戰功，那就是送給未婚妻的最好禮物。

吳仲渤的未婚妻叫奧特華，兩人是重慶南開中學的同學。抗戰勝利後吳仲渤進入杭州筧橋的空軍軍官學校，而奧特華進入杭州藝專唸書，兩人在西子湖畔重逢，很快就墜入情網。民國三十八年吳仲渤隨著空軍撤往台灣，奧特華也放下在大陸的家人，隻身前往台灣，預備與吳仲渤共組家庭。

中共解放軍在前一年十月於金門古寧頭戰役中大敗，主因是欠缺渡海作戰的經驗。因此解放軍在渡海對海南島進行攻擊前，特別徵用了一些民船上的漁民，要他們培訓即將駕駛船隻渡海的解放軍水手，並為渡海部隊進行特別訓練。

訓練了一批水手之後，解放軍在二月中旬開始嘗試渡海，初期利用小民船在黃昏或黎明時出動。那些小船不但目標小，在昏暗的光線下更是難以發現，使得空軍野馬式戰鬥機及海軍艦艇攔截的成效不大，有不少解放軍就在這種情況下偷渡成功，登陸海南島。

既然知道了解放軍的戰術，空軍於是決定不單單在海上攔截渡海的船隻，更要對雷州半島周遭所有港灣內的船隻進行攻擊，以便從根本上杜絕解放軍渡海的能力。

這個戰術說來容易，執行起來卻很難。雷州半島附近大、小港灣數以百計，以二十六中隊的那幾架野馬，即使由日出飛到日落，也起不了太大的作用。

海南空軍指揮部陳有維少將於是向台灣的空軍總司令部求援，希望能多派一些飛機及人員前往支援戰事。於是空軍總司令部在二月二十日下令五大隊二十七中隊先派遣部分隊員，於次日提前進駐海口基地。

吳仲渤少尉並不在第一批提前派往海南島的隊員中，但是他卻主動向隊長廖廣甲少校請求前往。剛好第一批隊員中有一位因為太太生病，想找人代班前去，所以隊長就批准了吳仲渤的請求，讓他前往海南島。

二十七中隊的先遣人員抵達海南島，馬上就投入戰場，每人每天至少出動兩次，在雷州半島的海岸線上空來回巡邏，見到港灣就俯衝下去攻擊港內船隻。飛機上能攜帶的火箭有限，通常在兩、三個派司之後火箭就用完了，接著只能用機槍攻擊船隻，然而機槍對船隻造成的損傷不大。一趟任務下來，人員異常疲憊，而戰果卻非常有限，解放軍還是陸續的偷渡進入海南島，在島上以游擊戰術對國軍發動攻擊。

二月底，二十七中隊全員進駐海口基地，二十六中隊奉命返回桃園。這時在島上的空軍部署就由一個半中隊的兵力，頓時降到只有一個中隊。而解放軍渡海的兵力卻與日俱增，飛行員們幾乎是全天候出動，有些人在回到基地加油掛彈時，也僅是在座艙中坐著休息。

海南空軍指揮部將這種情形向台灣方面反應，空軍總司令部才在三月初又派出一大隊的幾架 B-25 輕轟炸機進駐海南，二十七隊的飛行員才有了喘口氣的機會。

三月二十日之後，解放軍在夜間偷渡進入海南島的人數越來越多，野馬式戰鬥機本來沒有夜間作戰能力，這時也被迫在夜間出動，藉著 B-25 轟炸機在海面上空所投擲的照明彈，對海面的船隻進行攻擊。如此情況下，飛行員的休息時間就更少了。

臨時抓飛

三月二十九日黃昏時刻，吳仲渤少尉忙完了一天的任務，正坐在作戰室裡休息。二十七中隊的作戰長急匆匆走進作戰室，環顧四下，然後對著也坐在那裡休息的段有理分隊長說：「剛接到情報，樂民灣附近有匪船集結，可能要渡海過來，你帶著吳仲渤去看看。」

「樂民灣？不近哪，飛到那裡的時候天就要黑了，會有 B-25 的照明彈支援嗎？」段分隊長也是飛了一整天的任務，但他在想的是一個非常實際的問題：樂民灣在雷州半島西北方，距海口基地一百六十公里，等飛機掛好火箭再飛到那裡，太陽已經下山了。在天黑的情況下如果沒有照明彈，無法對地面進行攻擊。

「你們先趕快起飛，到那裡的時候應該還有一些日光，我也會去聯絡一大隊，看他們能不能派一架飛機去支援。」

「好，我們這就去。」段有理分隊長聽了作戰長的話之後沒再多說什麼，立刻招呼著吳仲渤往外走去，他知道與其等待作戰長去聯絡一大隊，不如立刻起飛，在日落之前趕到樂民灣，如果真看到有匪船集結，再等待一大隊的飛機前來支援。

軍械人員以最快的速度將火箭掛上即將出擊的野馬機翼下面。作戰長下達命令後還不到半小時，段有理已經帶著吳仲渤由海口機場起飛了。

晚冬的落日將天邊的雲彩染成血紅色，兩架野馬式飛機伴著夕陽高速往北狂奔，希望儘早飛到目標區觀察地面情勢。如果真有狀況，就必須在太陽落下海平面之前先進行一、兩次的攻擊，這樣最少能延遲共軍的攻勢。

兩架飛機順利在落日前飛抵樂民灣，當他們以一千呎的高度通過港灣上空時，見到海灣內一群高聳的桅桿，顯示作戰長所獲得的情報不假。

「Two，這裡真有一群匪船啊，我們先用火箭打幾個派司，等火箭打完再用機槍掃射。」段分隊長用無線電通知吳仲渤。

當天兩架野馬各攜帶六枚火箭，左右機翼各掛三枚。火箭可以一次六枚全部發射，或是每次發射兩枚，分三次發射，在海口駐防的野馬全都將發射程序定在每次發射兩枚。

兩架野馬由海灣上空轉向內陸，然後再調轉機頭，降低高度，他們將由內陸方向對著海灣內的船隻攻擊。

就在他們低空對著港灣裡的船隻飛去時，附近的高砲及機槍也開始朝向他們開火。段有理採取S型前進路徑，以求避開地面砲火，他在抗日戰爭中曾在日軍密集的火網中穿梭過，知道那些砲火看起來嚇人，但通常都是落在飛機後面，因此他鎮定的操縱著飛機在火網中前進。吳仲渤雖然經驗不多，卻也跟隊跟的很緊，緊緊地跟在長機右後方僚機的位置。

段有理進入港灣前就先朝著船隻發射了火箭，他看到火箭擊中船隻時短暫的爆炸火光，並沒有第二輪的爆炸，那是因為火箭雖已擊中船隻，不過沒打到彈藥或油艙。而在他即將通過船隻上空的時候，他見到附近有一艘船爆出了一陣火光，隨即引發了一陣強烈的爆炸，爆炸激起的空氣波動將他的飛機震的左右亂晃，他知道那是吳仲渤發射的火箭擊中了船上所載的彈藥。

「Two，打得好。」段有理一面說一面回頭看跟在後面的吳仲渤。意外的是，吳仲渤不在那個位置。

「Lead，我飛機中彈了，轉速在下降，汽缸頭溫度已超過紅線。」耳機中傳來吳仲渤的聲音，段分隊長立刻將飛機拉高，轉身往後看，看見吳仲渤的飛機拖著一道濃濃的黑煙剛飛過港灣，正在海上掙扎著爬高。

「Two，爭取高度，轉回陸地跳傘！」段分隊長知道吳仲渤飛機的引擎一定已經中彈，在這種情況下，根本無法飛回海口落地。唯一可以保命的機會就是回到陸地上跳傘，因為這個季節在海上跳傘不但獲救的機會渺茫，冬天海水的溫度也會讓人失溫而致命。

段有理將飛機做了一個破S動作，2貼著海面拉起，然後趕到吳仲渤飛機旁邊。他看到一股黑煙由機頭排氣管處竄出，吳仲渤在座艙中似乎試圖將飛機拉高，卻起不了作用，飛機不斷喪失高度，看樣子是無法飛回陸地再跳傘了。

「段分，3飛機撐不下去了，我要跳傘了！」吳仲渤說完就將座艙罩拉開，跨出飛機，似乎還沒在機翼上站穩，就被強大的風速吹下飛機。

段有理看著一朵白蓮似的降落傘在空中展開，他將飛機對著那具傘飛去，幾百浬的空速讓他很快地就由傘邊衝過，他看到掛在傘下的吳仲渤在向他招手。

段有理看著吳仲渤落海之後，立刻將方位報回基地，要求海軍派艦艇前去營救。他心裡也明白，就算海軍立刻派出艦艇，在解放軍的艦艇干擾下前去搜救，吳仲渤在冰冷的海水中也撐不了那麼久。這時他反而希望解放軍能派出船隻出海去營救吳仲渤！

夕陽不為仲渤留。段有理低空飛了幾圈之後，太陽的最後一道光輝就在海面消失，黑暗的海面已經看不到任何東西，他已沒有繼續留在那裡的必要了。懷著悲傷的心情，他將飛機拉高，看到遠處樂民灣內還有忽明忽滅的火燄，他知道那是被吳仲渤所擊中的船隻仍在燃燒。

缺席的新郎

段有理分隊長回到基地之後，向隊長廖廣甲少校報告吳仲渤被擊中後跳傘的經過。隊長沒有說什麼話，只是一直望著他桌上一份剛由台灣送來的公文：空軍總司令部批准吳仲渤申請結婚的公文。

第二天一大早，廖廣甲隊長親自帶著段分隊長飛了兩架野馬到樂民灣附近去搜尋，然而茫茫大海，什麼也沒看見。

吳仲渤列為作戰失蹤後半個月，中共解放軍在四月十六日夜間把人海戰術運用到海上，上百艘的機帆船強行渡海，於海南島多處登陸。激戰了幾個小時，解放軍成功建立灘頭陣地，讓後續增援的兵力可以順利登陸。

接下來幾天解放軍的後援不斷由雷州半島跨過二十公里的海峽，快速增援；遠在一千公里之外的台灣，卻對海南島上的駐軍無法快速支援。海南島終於在五月初淪陷，薛岳將軍及七萬餘海南島軍民在淪陷前，由榆林港登上海軍艦艇撤回台灣。

海南島撤出之後兩個星期，中共開始在上海部署由蘇聯援助的 MiG-15 噴射戰鬥機，使得派駐在舟山群島的國軍空軍失去了優勢，於是舟山群島的守軍於五月中旬撤回台灣。至此國民政府的行政範圍，就只剩下台、澎、金、馬。

在海南島保衛戰當中，唯一作戰陣亡的飛行員就是吳仲渤少尉。他的事蹟早已被歷史洪流巨浪從人們的記憶中沖失，然而他以生命所捍衛的「中華民國」，卻仍屹立於台灣。在他短短的二十四年生命中，他經歷了軍閥互鬥、抗日戰爭；在顛沛流離的戰爭歲月裡，他像抗戰期間的任何一位年青人一樣，希望有個強大的國家，因為只有在國家的保護傘下，人民才能安全營生度日。而他更瞭解國家的強大是要靠人民無條件的支持，而且這種支持也包括了在必要時挺身而出，犧牲生命在所不惜。這也是吳仲渤在國家危亡之秋投身軍旅的主要原因。

吳仲渤少尉殉國七十週年後的今天，我們在慶幸七十年前中共未能解放台灣的同時，也當瞭解我們所享受的自由環境是有代價的。為了我們的自由，吳仲渤少尉及成千上萬與他一樣的軍人，以自己年輕的生命為我們付出了代價。

後記：吳仲渤失蹤屆滿半年之後，空軍將他列為作戰陣亡。無緣與他成婚的未婚妻奧特華女士，幾年後嫁給陸軍少校劉自然。然而厄運始終沒有忘記她。劉自然少校在民國四十六年三月二十日，在台北陽明山被美軍上士羅伯特・雷諾（Robert G. Reynolds）槍殺，後來因雷諾被美軍軍事法庭判處無罪釋放，引起了大規模的反美活動，史稱「劉自然事件」。

1 路靖曾是空軍大鵬籃球隊的台柱球員，與朱聲漪及游健行三人號稱「三劍客」。民國四十七年十月十日國慶日那天，在馬祖北方執行巡邏任務時，與敵機遭遇，擊落MiG-17一架。民國五十年六月七日飛行失事殉職。

2 先將飛機倒飛，再向地面俯衝，然後將機頭拉起的動作。

3 空軍中對分隊長的簡稱是以姓氏加上「分」字。

第11章

不是飛，是爬

陸瑞龍上尉

民國六十年代初期，我國空軍一共有六個聯隊，其中六聯隊是僅有的空運聯隊，下轄十大隊及二十大隊等兩個空運大隊，每個大隊各有三個中隊，每個中隊都有將近二十架 C-119 型運輸機。因此當時六聯隊是空軍最大的聯隊，擁有近一百架飛機及超過兩百位空勤軍官。

空運機的主要任務是軍用物資與人員的輸送，但當時這一百多架空運機能提供的運輸量，遠遠超過台灣本島及外島的軍事運輸所需。因此作戰司令部就將敵情威脅較輕微的台灣東岸近海偵巡任務，交給這些空運機來執行。

在空軍總司令部的規劃下，六聯隊所屬的兩個空運大隊中，每個月派一個中隊輪流進駐花蓮，擔任台灣東部海岸偵巡及搜救待命的任務。這個任務每個月都由不同單位執行，但統稱為「天馬演習」。

當時的花蓮空軍基地沒有部隊正式駐防，因此看在當地人眼裡，每個月進駐的空運機，就是常駐在那裡的空軍部隊了。

調防花蓮的空運機中隊，通常是在每月一號上午由屏東進駐花蓮，隊上的 C-119 型運輸機將地勤人員及支援裝備運抵花蓮後，地勤人員立刻開始行動，把作戰室、空地勤人員寢室、餐廳、廚房及修護棚廠準備妥當。其實地勤人員的準備工作也是這個任務的重點考核項目之一，在部隊進駐前方基地的半天之內，必須將所有地面支援項目準備完成，讓空勤人員可以立刻出發執行任務。

這些執行近海偵巡任務的空運機由花蓮基地起飛後，以低於五百呎的高度飛在台灣東部外海，從空中監視東部海岸附近是否有不明船隻艦艇活動。這些空運機本身沒有武裝，無法對有敵意的入侵目標採取任何行動，但卻可以將可疑目標即時通報給作戰司令部。

東海岸的運輸機

這些近海偵巡任務面臨的敵情威脅不大，然而還是得承擔與所有飛行員一樣的空中風險。就在民國六十年十一月二十日，二十大隊六中隊駐防花蓮時發生了飛機在任務中因發動機故障而機毀人亡的悲劇。

那次事件是羅西樵少校、孫長福中尉及歐陽超上士機工長駕著編號 3124 的 C-119 執行近海偵巡任務時，右發動機故障，羅西樵少校立刻將右發動機順槳，對準花蓮基地返航。他順利地利用單發動機將飛機飛返花蓮，但是進場的時候在單發動機狀況下，飛機的液壓系統壓力減小，因此飛機已經通過跑道一半了，起落架還沒有完全鎖妥。羅西樵少校為了不想讓飛機在起落架未完全鎖妥的狀態下就落地，於是決定重飛。

他將左發動機的油門推上，那具**R-3350**發動機在怒吼聲中增加轉速，飛機開始加速，但已放下一半的起落架增加了不少阻力。飛機在單發動機的情況下掙扎爬高，上升的速度太過緩慢，尤其是在轉入二邊及三邊時不但無法爬高，反而喪失了一些寶貴的高度。他飛在三邊的時候，高度頂多只有三、四十呎，幾乎就是貼著地面在飛，結果

運輸機群因為「天馬任務」而進駐花蓮。（圖／陸瑞龍提供）

就在飛機向左轉入四邊時，左翼擦地，飛機頓時向左翻過去。一陣爆炸聲及火焰隨之而起，三位空軍官兵的寶貴生命就此灰飛煙滅！

同僚們罹難固然會讓人悲傷，但是任務的執行卻不會因為意外事件而中止，空運部隊的運輸機仍然每個月由屏東飛來花蓮，執行天馬演習任務。

這一天始於一個輕鬆的任務

民國六十一年二月在花蓮機場執行天馬任務的是空軍第十大隊一〇一中隊。那個月的十四日是陰曆除夕，花蓮與屏東雖然相距不遠，除夕當天在花蓮執行任務的官兵卻不得回家與家人圍爐共度年夜。只是每個人都習慣了這種年節執勤的傳統，因為他們是軍人，擔負著與一般人不同的責任。

十八日星期五，陰曆正月初四清晨，一般人還沈醉在年節的歡欣氣氛中，花蓮空軍基地停機坪上卻已開始忙碌。當天上午安排了三架飛機執行不同的任務，一架是執行近海偵巡，一架是儀器飛行訓練，另一架是本場起落訓練。

陸瑞龍上尉與金京生中尉兩人在清晨七點用餐完畢後，走到中隊作戰室開始做飛行前的準備。當天他們倆將是第一架起飛的飛機，執行儀器飛行訓練。

陸瑞龍從小在空軍中眷村中長大，幼年時代就對飛行有著極大的興趣，因此在民國四十九年於台中二中畢業後，考進剛改制的空軍官校，開始了往後二十餘年的軍旅生涯。

在那一年之前，空軍官校只是一所傳授飛行技術為主的軍事院校，民國四十九年空軍總司令部按照教育部的規章，把官校改制成為四年制的軍事大學，學生在校四年間不但要研習軍事課程，更要將教育部所規定的學分修滿。因此官校

陸瑞龍（左一）在飛行學校。（圖／陸瑞龍提供）

學生在畢業時，除了被任命為空軍少尉軍官，同時也獲得教育部頒發的理學士學位。

新制官校的畢業生在校期間並沒有接受飛行訓練，所以畢業生通過空勤體檢後，再進入空軍飛行學校，接受為期一年十個月的飛行訓練。在這種情況下，陸瑞龍就在民國五十三年畢業於空軍官校四十五期，接著進入飛行學校學習飛行。等他正式完訓，於民國五十五年掛上飛行胸章時，已是進入官校六年之後，比舊制的官校整整多了四年。

民國六十一年二月十八日那天，陸瑞龍已是資深的上尉飛行員，在中隊裡更是最年輕的機長。他飛行時細心，遇事時冷靜，決策時果斷，所以深得長官信任。

當天儀器訓練飛行的副駕駛金京生中尉到隊僅一年多，比陸瑞龍晚五期畢業，剛完成 C-119 型飛機的換裝訓練。陸瑞龍進行任務提示時，把稍後儀器訓練的每一個細節都解釋給金京生，金京生也仔細的將資訊記下，因為這些訊息對他日後飛行生涯極為重要。

任務提示完畢之後，他們兩人拿了飛機放行條，走出作戰室向飛機走去。

飛行員每天飛的飛機不一定是同一架，但每架飛機都有一位固定的機工長。那些機工長幾乎都將負責保養的飛機當成自己的私人飛機一樣，不但盡量讓飛機機械保持無故障狀態，對飛機內部的整潔也相當注意，他們是全心全意在維護「屬於他們」的飛機。

即使機工長已將飛機仔細的檢查過多遍，飛行員在登機前也會再對飛機進行三百六十度的目視檢查——那是一個習慣，也是一個責任，是確保飛行安全的最後一道關卡。陸瑞龍及金京生兩人當天登機前圍著飛機繞了一圈，仔細觀察視線所及每一個部門。當然，在機工長已經檢查多次之後，他們並沒有看到任何可疑的現象。

因為只是在本場的空域進行儀器訓練，所以飛機上僅有兩位飛行員及機工長共三人，沒有領航官及通訊官隨行。這是一個輕鬆的訓練課目。

早上八點半左右，陸瑞龍及金京生兩人將他們那架 C-119 滑到花蓮基地三號跑道頭。進入跑道之前，陸瑞龍踩緊煞車，將兩個油門手柄緩緩向前推，兩具發動機的吼聲開始增強，空氣中的水氣頓時在螺旋槳的槳葉末梢凝成乳白色的霧氣，駕駛艙裡的幾個人同時盯住儀錶板中間的發動機儀錶，要確定兩具發動機在大馬力狀況下運轉正常，如果有任何儀錶顯示異常，就得將飛機滑回停機坪，宣告任務取消。一架正常運作的飛機才是達成任務的最重要關鍵。

所有儀錶的指針都指在正常範圍。這時陸瑞龍把油門收回到慢車位置，鬆開煞車，讓飛機滑進跑道。金京生則用無線電與塔台聯絡，請求起飛許可。

此時機場附近沒有其他飛機，因此塔台很快就發出起飛許可。陸瑞龍在耳機中聽到塔台的起飛許可後，立刻將油門推滿，鬆開了煞車，飛機在兩具發動機所產生的五千匹馬力下，開始順著跑道中線加速前進。當天只是訓練，飛機沒有裝載任何貨物，所以加速很快。金京生看著空速錶的指針已指到起飛速度，於是報出空速，陸瑞龍隨即將駕駛盤拉回，飛機一抬頭就飛進了花蓮晚冬的天空。

不要關錯了發動機

就在飛機離地的那一霎那，飛機左發動機突然發出一聲巨響，隨之而來的是劇烈的抖動及像連環炮似的連續爆擊響聲。雖然第一時間陸瑞龍就覺得是左發動機故障，但是在採取任何處置之前，他必須確認故障部位，於是他立刻向儀錶板看去——飛機抖動的太劇烈了，很難看清楚儀錶的指示，不過他卻注意到左發動機的轉速錶正在向反時鐘方向轉動。

左發動機的油門還在最大馬力位置，轉速卻在下降，再加上持續出現的「啪、啪、啪」響聲，這很明白的顯示左發動機發生嚴重故障。

「金京生，一號發動機故障，[1]關一號發動機，順槳！」陸瑞龍簡潔的對金京生發出指令，在當時的狀況下，他必須穩住飛機的姿態及空速，因此關發動機的程序他就請副駕駛來執行。

「關一號發動機，順槳！」金京生將手放到一號發動機的油門手柄上，並重複了一遍關發動機的指令。

「正確，關一號發動機，順槳。」陸瑞龍回覆，同時很快地將視線掃向油門手柄，確定金京生所抓的確是一號發動機的油門。

這個「重複確認」的程序非常重要，為的就是怕飛行員在發動機故障所引起的緊張情況下，忙中有錯，將正常的發動機關掉。

完成確認的程序後，金京生隨即將一號發動機油門收到關車位置，磁電機電門關掉，再將順槳電門按下。做完這一連串的動作，那連環爆砲似的響聲終於停止。

完成關車手續後，金京生用無線電通知塔台：飛機發生嚴重故障，請求清除航線及跑道，讓他們立刻返場落地。

最重要的事

當時飛機的高度僅達兩百呎，速度也只有一百二十浬左右，是一個相當難以操作的狀態。陸瑞龍知道在這樣的情況下，維持空速是最重要的事，因為有空速飛機才能繼續飛行，他才能將飛機轉回去落地。

當飛機的左發動機發生故障，飛機會很自然地向左偏。陸瑞龍的處置方式是先讓飛機保持直飛：駕駛盤向右壓，同時踏下右舵，然後他開始設定調整片，用風的力量來協助壓桿及蹬舵的力道。

在地面上，基地裡的人幾乎全聽到了那架飛機最初爆出的巨響，連作戰室裡的人都衝出來，大家抬頭朝上尋找那架飛機的位置。但是飛機的高度太低，不容易看清楚，於是眾人又想辦法找個高處，想看得清楚一點。

駕駛艙裡的兩位飛行員已經按下順槳按紐，不過液壓系統失去了左發動機的液壓泵，壓力減少了很多，因此在順槳的過程中有點力不從心的感覺，液壓的壓力無法將槳葉轉到到順槳的七十八度角，結果導致螺旋槳慢速風旋，增加了不少阻力。

可怕的貼海飛行

飛機那時已經飛離陸地，進入太平洋上空，這對機組人員來說是個較好的環境，因為沒有了地面樹木、房舍及山丘的障礙，相對就減少了飛行員心中許多顧慮。

陸瑞龍將機頭稍微鬆下一些，讓飛機的空速增加到一百三十哩，這樣他操縱起來順暢了不少。不過高度也掉到低於兩百呎了，讓他有「貼著水面飛行」的感覺。

為了要飛回去安全落地，陸瑞龍必須飛一個本場航線，才能轉回去由五邊進場落地。於是他輕微壓下右翼，又踏下右舵，讓飛機以十度的小坡度開始右轉進入二邊——這是C-119正常轉彎坡度的一半。在平時，飛機以正常坡度轉彎時，有時會喪失一些高度，但陸瑞龍現在已經不容許喪失任何高度了。

按照正常的本場航線，三邊與跑道之間的距離該是一點五浬。不過當天他們是以小坡度轉彎，轉彎的半徑變得很大，這種情況下，陸瑞龍就覺得沒有必要在二邊將飛機改平飛，他決定保持這個坡度，一直繼續右轉直接轉進三邊，等到他在三邊改平飛時，飛機已在跑道東邊三浬之外的海上。

在塔台執勤的航管人員用望遠鏡看著那架飛機幾乎是以貼在海面的高度轉彎，都不自覺地為飛機上的組員抓把冷汗。在他們看來這架飛機根本不是在「飛」，而是在以極小的速度在空中「爬」著，隨時都有掉下海的可能。

被風吹動的螺旋槳

這時陸瑞龍在座艙中已恢復了他慣有的冷靜，他一直專注留意飛機的速度、高度及右發動機的狀況，只要右發動機繼續運轉正常，他就能保持飛機的速度及高度，有了高度及速度，他就能將飛機飛回去落地。當時唯一讓他擔心的就是一直無法完成順槳的左發動機，他幾次轉頭向左去看那緩緩風旋中的螺旋槳，深怕萬一失去液壓系統的壓力後，槳葉角進入小角度而導致螺旋槳超速，那種狀況所產生的阻力就不是右發動機所產生的動力可以彌補的，到時就只有海上迫降一途了。

美崙山雷達站的白色球狀雷達罩在飛機右前方出現。以往飛在正常航線的高度上，那個白色球狀雷達罩由空中看起來就像個小小的高爾夫球。但今天陸瑞龍在兩百呎的低空，不但要抬頭仰視才能看到它，更發現那個雷達罩竟然還是個龐然大物。

飛機從雷達站左側通過之際，站在機場高處一直目視追蹤這架飛機的人，頓時見不到飛機的蹤影，他們緊張地往雷達站四周尋找，但是所可以看到的地方都沒有那架飛機的影子，而且距離太遠，也聽不到飛機的聲音。這種情況下，大家很自然的想起三個月前羅西樵少校那架飛機的悲慘結局，覺得這架飛機大概也遭遇到了相同的命運。

其實當時陸瑞龍正飛過花蓮港的出海口，他再度壓桿蹬舵，將飛機以十度的坡度向右轉，預備轉入航線四邊——四邊及五邊都在花蓮市區上空。要以兩百呎左右的高度通過市區上空，實在有點危險，於是陸瑞龍帶起機頭，將高度拉到三百呎左右，在這個高度應該可以勉強避開市區內的地障。但是相對的，飛機的空速也掉到一百一十五浬，在這個速度下，飛機實在很難操控。

當陸瑞龍以三百呎的高度由海岸線通過，進入陸地時，地面的花蓮市民也都注意到它：它太大了。通常飛機由三邊轉四邊，快要抵達花蓮市區上空的時候，高度都在一千呎左右。等進入四邊，高度才漸漸降低到七百呎左右。因此大家看到這架低空飛行的「大」飛機後，都直覺地感覺到飛機一定出什麼狀況了。

山比飛機高

塔台上的人員雖然已經將航線清除，也已通知緊急搶救人員及車輛在跑道頭待命，但無法知道這架故障飛機的即時狀況，因為飛機上的兩位飛行員都在忙著操控這架隨時都有可能失速墜毀的飛機，沒有時間回答塔台的問話。

花蓮市美崙山的標高是三百五十四呎，這架故障的C-119以三百呎的高度由美崙山南面通過時，金京生坐在副駕駛的座位上看著飛機右邊比飛機還要高的山，下意識地想將機頭拉起，飛到一個「較為安全」的高度，但他也知道飛機那時根本無法爬高，如果他貿然將駕駛桿拉回，那麼飛機絕對會因為失速而墜毀。

在這同時，陸瑞龍跟本沒有注意到飛機右側的美崙山，他正全神貫注，注意著飛機前面的地形。他知道只要能一直保持飛機的空速及姿態，就能飛回去落地，基地僅是在他右前方三、四公里處。

「看到了，他在那裡！」一位站在停機坪上的士兵指著美崙山的方向大喊了一聲。大家順著他所指的方向，終於看到那架故障的飛機由美崙山的背面，幾乎是以貼著地的高度飛了過來。

「天哪，那麼低……」一位飛行軍官看著那架在低空低速飛行的飛機，正掙扎地往機場方面飛來時，不禁喃喃自語。

飛機接近了花蓮火車站，陸瑞龍這時將駕駛盤向右轉去，同時配合著用腳踏下右舵，飛機就緩緩向右轉入五邊。等他看見機鼻即將對準三公里外的跑道頭，立刻反桿反舵，等飛機改平的時候，機頭正好對準跑道頭——他在飛行學校就已經學會了「轉入五邊時能一次對準跑道，不用來回調整幾次」這個本領，這次在緊急狀況下，也沒有讓他失望。

平常的小事，今天的生死大事

對準跑道之後的下一步就是放下起落架。這件事簡單而平常，但是在一具發動機失效的狀況下，卻變得複雜。因為一具發動機故障，液壓系統壓力減小且不穩定，放下起落架所需的時間變長。如果釋放起落架的時機過早，會增加飛機阻力，這對空速已經過低的飛機來說，是極其不利。因此技令上明確指出「……在確定飛機可以安全進場之際，才可以釋放起落架」。

陸瑞龍很快在心中盤算了一下：技令上說正常情況下 C-119 的起落架要二十秒才可完全釋放，在單發動機狀況下則需時四十秒。以當時的一百二十浬空速來算，四十秒鐘可以前進八千多呎，那是整個花蓮跑道的長度。之前羅西樵少校那架飛機就是因為起落架沒有放下鎖妥，才導致他在重飛時失事。陸瑞龍知道他不能讓同樣的事再度發生。

「金京生，聽我口令，再放起落架。」陸瑞龍決定在飛機進入跑道頭清除區之前，就將起落架放下。

飛機失去一具發動機後的速度雖然不快，但是在轉入五邊後，很快地就接近機場範圍。陸瑞龍那時知道他可以安全落地了。

「金京生，放起落架！鎖妥後告訴我。」

金京生將起落架手柄壓下，幾乎是同時陸瑞龍就可以感覺到起落架艙門開啟時所導致的阻力，他連忙將機頭壓下一些，維持那僅有的空速。

飛機通過跑道頭時，起落架還在繼續釋放當中，陸瑞龍操縱著飛機以低於二十呎的高度在跑道上空飛著，在那個高度他感覺到原先在天空似乎不夠快的速度，其實一點都不慢！

「輪放鎖妥！」看著儀錶板上的起落架指示燈終於變綠後，金京生大聲報出。

陸瑞龍收回油門並拉起機頭，讓兩個主輪擦上跑道，然後將右發動機的槳葉角拉到反槳，再踏下煞車踏板，做完這幾個動作之後，飛機才開始慢了下來。

利用餘速，陸瑞龍將飛機滑離跑道，滑回停機坪，那裡已經擠滿了來歡迎他歷劫歸來的人群。他將發動機關閉，飛機停妥的那一刻他注意到，左發動機的螺旋槳還在慢速轉動——它因為沒有完全順槳，因此一路風旋著，直到落地之後依舊固執地旋轉。

陸瑞龍由飛機左側的登機門步下飛機，首先看到的就是左發動機蒙皮接縫處漏出的大量黑色機油，地上已灘了一片油漬，看來左發動機故障情形一定不輕。

這次在飛機剛離地、沒有高度也沒有速度的狀況下，發生這麼大的故障，他還能將飛機飛回來，實在不只是「運氣」兩個字可以形容的。

中隊長鮑先達中校走到飛機旁邊，握住陸瑞龍的手，恭喜他順利的將故障的飛機飛回來落地。陸瑞龍想到，鮑隊長平時經常要他們熟讀技令，原來為的就是這種意外狀況，當天飛機上的組員都能按照技令上的緊急程序來操縱飛機，是這個意外事件能有個圓滿結局的最大關鍵。

當晚一群隊友為這三位隊員在花蓮的一家海產餐廳慶祝，餐廳許多客人都聞訊過來，要敬三位組員一杯，因為他們當天上午都看到了那架故障的飛機以超低空的狀態在市區通過的驚險過程。

事後調查，飛機左發動機因為年份已久，在起飛過程中有三個汽缸頭承受不住點火時產生的高壓而先後爆破。所幸陸瑞龍在第一時間判斷正確，將左發動機及早關車，繼而操作正確，讓飛機安全落地，避免了對花蓮市區的重大災害。

後記：一九九〇年代後期，我在加州矽谷認識了一位美國大陸航空公司的華裔機長張重和先生。有次在閒聊中他告訴我，他在台灣服兵役時是在空軍六聯隊服役，有一年隨中隊到花蓮參加天馬演習，曾目睹一架C-119在單發動機情況下，以貼著地面的高度飛返花蓮機場落地。當時他雖然只是一個小兵，但因為嚮往飛行，所以一直記得那個事件，而他也始終沒有忘記那位飛行員的名字。於是我問他那位飛行員是哪位，他立刻就回答：「陸瑞龍！」

---

1 飛機發動機的代號是由飛行員的位置來算，最左邊的發動機是一號，然後向右順序排列。

第12章

大難不死，事情未結束

應嘉生少校

一九七九年一月，美國卡特總統宣布與中共建交。之後美國順應中共的要求，開始減少對中華民國的軍售。這種情況下，中華民國空軍不但無法取得 F-16 新型戰機，就連美國廠商專為我方打造的 F-20 及 F-16/79 也被卡特總統否決。[1] 因此與美國諾斯羅普（Northrop）合作生產的 F-5E 就成為當時中華民國空軍唯一可以取得的戰鬥機。

F-5E 的性能靈活，卻已難與中共的殲七與殲八較量。而空軍原有的 F-104 雖然在速度與高度上都佔著優勢，也因為飛行時數接近使用上限，急需新機補充。為了讓空軍能繼續保持台海周遭的空優，美軍在一九八二年批准了將一批德國汰除的 F-104G 售予我國，又在一九八六年將日本除役的三十架 F-104J 轉售我國。

來自日本的 F-104J 運抵台灣之後，先是送到屏東的一指部（第一後勤指揮部）進行拆封及檢查，又經過專業試飛官試飛認證，再分發給部隊使用。

一九八六年五月十四日，一指部試飛官羅際勳少校正在飛送一架已經完成試飛的 F-104J（編號 4520）至清泉崗基地，在西螺河上空出現發動機壓縮器失速，經兩次改正仍然無法恢復正常，而飛機的高度已掉到七千呎以下。F-104 在這個高度如果沒有動力，很快就會在地面砸出個大坑，當時羅際勳沒有遲疑，立刻啟動彈射程序，在飛機墜地之前成功跳傘逃生。

因為 F-104J 是由日本的三菱重工業集團所生產，在生產過程中三菱曾將飛機的機身及系統做了一些修改，因此 F-104J 上有些零件與其他構型的 F-104 無法通用，機身的一些零組件配置也與 F-104G 不同。在這種情況下，空軍那些熟悉 F-104G 系統的失事調查專家，就必須等日本三菱重工業集團的技術代表前來協助調查，於是該次的失事調查進度就比平時慢了許多。

試飛來自日本的星式戰鬥機

按照空軍的程序，飛行員在失事原因調查完成之前，不可再執行飛行勤務，而當時羅際勳是一指部唯一的 F-104 試飛官。在他等候失事調查報告完成之前，一指部的試飛任務，就由三大隊具有試飛資格的試飛官擔任。三大隊派出了林建戎、葛熙熊及應嘉生三位教官，輪流擔任支援一指部的試飛任務。

試飛教官通常是在早上由另一位飛行員駕 T-33 或 TF-104G 雙座機，送到屏東。在那裡上、下午各飛一批，如果飛機合格的話，試飛教官就可以將飛機飛回清泉崗基地，立刻加入戰鬥序列。萬一飛機未能達到標準，三大隊必須派出另一架雙座機到屏東，將試飛教官接回清泉崗基地，因此支援一指部的試飛任務是相當的辛苦。

三大隊當時不但飛機不足，飛行人員也不夠。教官級的飛行員除了要負責繁忙的作戰任務，還得訓練新進飛行員。因此身為七中隊作戰長的應嘉生少校不但要執行各種任務，還要支援一指部的試飛，常覺得一天二十四小時不夠用。

一九八六年七月二日，應嘉生接到命令，要他在次日前往屏東試飛一架編號 4593 的 F-104DJ，而次日他原本就已排定要帶兩位六十七期的新進飛行官作單飛前的考核任務。他雖然覺得試飛認證一架飛機很重要，但是考核任務對那兩位新進人員來說，則更為重要。在這種無法分身的情況下，應嘉生決定自己留在清泉崗對兩位年輕飛行官進行考核，而安排隊上另一位有兼任試飛官資格的葛凱光少校，在七月三日前往屏東，將那架 4593 號飛回清泉崗，七月四日他再親自試飛那架飛機。

忙碌的四十分鐘

上級同意了應嘉生的決定，而七月三日那天的一切安排也都進行得非常順利：兩位年輕飛行官都通過了單飛前的考核，4593 號飛機也安全地由屏東飛抵清泉崗基地。

次日清晨，應嘉生進作戰室之後的第一件事就是查詢氣候，因為試飛的第一個條件就是天氣——能見度與雲高必須在五浬及一萬呎以上。氣象單位提供的天候資料是能見度七浬，一萬兩千呎疏雲，風向一七五度八浬，那是一個適合飛行的好天氣！

當天要試飛的4593號是一架雙座機，因此應嘉生決定請許竹君上尉坐在他的後座，擔任試飛紀錄的工作。

進行試飛前的任務提示時，應嘉生將試飛清單上的每一個項目很仔細的解釋給許竹君，請他在後座將每一個項目的儀錶指示登錄在清單上。試飛的飛機不帶外載，在沒有翼尖副油箱的狀況下，飛機最大的留空時間僅有四十餘分鐘。要在那麼短的時間內將清單上一連串的項目做完，實在不是件輕鬆的事。

當天吹南風，風向一七五度，所以是使用18號跑道起飛。十點整，應嘉生坐在4593號的座艙裡，左手將油門推到後燃器階段，同時放開煞車，飛機頓時發出一聲狼嚎，開始快速在跑道上飛奔。到達起飛速度時，應嘉生輕輕將駕駛桿向後帶，飛機昂首飛進了台灣中部的藍天。

離地後，應嘉生將飛機向右轉，同時繼續以大角度爬升，到達五千呎高度時，他快速的將儀錶板上各個儀錶的指示看了一下，發現全部都在正常範圍之內。於是他將飛機向左轉，讓飛機繼續往南爬升。

在這個高度檢查儀錶，應嘉生是有特別用意的——五千呎是迫降航線低關鍵點的高度，如果在那個高度他發現任何儀錶有異常顯示的話，可以立刻向右轉，加入迫降航線的低關鍵點，由那裡順著迫降航線轉入五邊進入跑道落地。

在爬高的過程中，後座許竹君上尉的雙眼一直盯著儀錶板，將各個不同高度的艙壓及不同速度的發動機儀錶指示都記錄下來。

最後看見的影像

飛機接近西螺河附近，高度已達兩萬五千呎。應嘉生記得當時他看著機頭前下方的西螺河時，腦海裡快速閃過兩個月前他的同學羅際動在那裡因為發動機故障而失事的事件。想到這裡，他很自然的將目光掃向儀錶板，他看到飛機的空速表指著點八五馬赫。

這就是他看到的最後一個指示。然後，事情就發生了！

座艙中的應嘉生突然聽到一聲劇響，飛機就像撞到牆似的遽然減速，如果不是雙手抓著駕駛桿與油門，同時身子被肩帶緊緊的拉住的話，應嘉生覺得他的頭盔一定會把儀

錶板撞爛。

雖然他沒有撞到頭，他卻在肩帶拉住的那剎那昏了過去。幸好，他很快又恢復了知覺。

應嘉生清醒之後的第一個想法就是：飛機撞到隕石了。因為在飛機發生巨響及減速之前，他沒看到附近有任何飛機，戰管也沒有警告他附近有飛機在活動。而且兩萬五千尺的高度，難道會有鳥兒飛翔嗎？他經歷的那種聲效及劇烈抖動的感覺，讓他直覺認為就是撞到了什麼東西。

應嘉生回過神來，平日的專業訓練這時自動接管局面。他發現飛機正以倒飛姿態大角度俯衝著，他隨即將目光掃向儀錶板，所有發動機的儀錶指針都已指在紅線區。他下意識地將油門收到慢車，讓飛機停止了劇烈的抖動，接著將駕駛桿拉回，帶起機頭，飛機在兩萬呎改平。

不過在沒有動力的狀況下，駕駛桿很快就出現失速前的抖動警告，於是他習慣性地將油門向前推，沒想到飛機不但沒有加速，反而又開始劇烈抖動，他趕緊將油門再收回到慢車的位置。

應嘉生在試飛時感覺飛機似乎「撞到隕石」了。（圖／應嘉生提供）▶

真的求救訊號

為了不使飛機失速，應嘉生放下機頭，讓飛機保持兩百六十浬的空速俯衝。也就在此時他看見嘉義機場的跑道就在他正前方約十五浬處。F-104 的飄滑性能雖然不好，但是以他此刻兩萬呎的高度，應該可以飄降到嘉義機場落地。

瞭解了自己飛機的狀況後，應嘉生必須向地面報告他的困境，於是他將 SIF（Selective Identification Feature 識別器）開關轉到「緊急」的位置，並喊出求救訊號 Mayday, Mayday!

「Mayday 正常！」應嘉生的耳機中傳出了地面管制人員的回答，他聽了之後真有啼笑皆非的感覺。原來在試飛的測試項目中，確實有一項是要測試 SIF 的緊急功能，地面管制人員見到雷達上那架 4593 的回波中顯示著「緊急」狀況，再聽到應嘉生呼叫「Mayday」的聲音，還以為應嘉生正在進行該項目的測試。

「我是真情況！飛機發生故障，必須緊急迫降嘉義！」應嘉生不再用英文術語聯絡，直接改用國語報出當前的狀況。

當時作戰司令部的指管長是黃植炫上校，他也是 F-104 的飛行員，也當過一指部的試飛官。他聽到應嘉生的報告之後，瞭解情況緊急，於是立刻下令嘉義附近空域中的F-5E機群全數轉降台南，讓那架故障的F-104DJ可以安心地向嘉義迫降。

「嘉義塔台，F-104四五九三，發動機故障，請求緊急落地。」應嘉生呼叫嘉義塔台。

「F-104四五九三，嘉義塔台，使用么八號跑道，地面風向一七五度，風速十浬，高度錶兩九九四。」

那架飛機在慢車情況下一切正常，因此應嘉生就保持俯衝的狀態來維持空速，對著嘉義機場俯衝。不過在重力加速度的狀態下，飛機進場時的速度一定會太大，為了控制速度，他將減速板放出。

「許竹君，等會兒我放起落架時，一定要提醒我先把減速板收起來！」應嘉生知道在沒有動力的狀態下，如果在減速板釋出時又放下起落架，絕對會造成失速。因此他先將這個狀況通知後座的乘員。

「嘉義塔台，F-104四五九三，五邊八浬。」應嘉生向嘉義塔台報出他的位置。

「F-104四五九三，Mobile，我看不到你。」在跑道頭旁邊飛輔室裡執勤的飛行官往五邊下滑道方向看去，完全沒有任何飛機的影子。

應嘉生聽了之後知道，那是因為他當時的高度比正常下滑道要高出許多，但他也已無暇解釋了。

應嘉生記得在技令上明白地寫著：「熄火迫降時，測場當以跑道三分之一處為準。」嘉義跑道長度是一萬呎，因此他將飛機對準跑道三千呎的位置飄降。

F-104的飄降性能比磚頭好不到哪裡，高度下降的相當快。應嘉生的腦子一直快速地將飛機的高度、速度及落地點之間的關係換算著——只要有一個環節出錯，就沒有下次了。

技令上也寫著：「熄火迫降時，必須在確定飛機可以安全進場時，才可放出起落架。」應嘉生的眼睛盯著快速向他撲來的跑道，鬆開握著油門的左手，向前抓住起落架的釋放手柄。這時他想起了仍在放下位置的減速板，於是他趕緊將減速板收起。

就在那時飛機進入跑道頭清除區的上空，他知道自己可以安全進場了，於是他將起落架手柄壓下。幾乎就在同時，他感覺到起落架釋出時所增加的阻力，讓整架飛機開始顫抖。如果在正常情況下，他會補上一點油門，穩住空速，但是那天他的發動機故障……

那時應嘉生腦子裡的高度與速度間的換算程序已經快到爆表，他在那精準的一刻，將駕駛桿拉回，升降舵的前緣開始下垂，空氣通過升降舵翼面時所產生的壓力差將飛機尾部壓下，機頭隨之抬起，下降的速度頓時減緩，機翼所產生的的昇力繼而將飛機一萬四千多磅的重量托住，飛機就在那時做了一個非常輕的落地！

飛機主輪觸地之後，應嘉生稍微鬆了一口氣，但是他不敢放鬆自己的情緒，因為飛機的落地速度過快，加上他在跑道三分之一處落地，所以僅有六千多呎的跑道可以減速。他踏下煞車，將阻力傘拉開，不過飛機僅是顫了一下，並沒有明顯的減速，原來阻力傘撐不住兩百浬的風速，在釋放當下就被吹破。

飛機繼續以高速衝向跑道末端，應嘉生用力踏下煞車，飛機開始減速，他再將捕捉鉤放下，但是跑道末端的攔截網仍像是一張魔網似的對著他高速接近。就在他覺得在劫難逃，即將撞網之際，飛機猛然地被一道神奇的力量拉住了——原來就在飛機要衝出跑道撞上攔截網之際，機腹下的捕捉鉤成功地勾住了跑道末端的 BAK-12 鋼繩。

應嘉生與後座許竹君上尉跨出飛機之後，互相看了一眼，不需言語，兩人都知道他們已在鬼門關前走了一趟！

原因到底在哪

因為飛機是在試飛中出的狀況，所以應嘉生被接到四大隊的大隊部後，就打電話向一指部報告，希望他們能盡快派人前來處理。

當天下午一指部就派出一組人到嘉義基地檢查那架飛機。飛機的外觀沒有異樣，表示飛機並沒有與任何東西相撞。然後，檢查組人員將飛機的 J-79 發動機拆下，才終於看到了這次故障的元兇！

無須把發動機拆開，光是由發動機前端的進氣導片往內部看，就能輕易看到裡面的壓縮葉片幾乎全被打爛。一指部派來的發動機專家看到那個情況，轉身對應嘉生說：「這種情況下你還能將飛機飛回來落地，真不知道你是怎麼辦到的！」

知道問題的癥結之後，一指部立刻商請六聯隊當天下午就用 C-119 運了一具翻修過的 J-79 發動機到嘉義，晚上加夜班將送來的發動機換到那架飛機上。

應嘉生所屬的三大隊知道一指部已經派人前去更換發動機，決定讓應嘉生繼續待在嘉義，等發動機更換好了之後，繼續試飛。

當天晚上應嘉生吃過晚飯，坐在餐桌上想著上午所發生的事故，越想他越覺得驚悚——如果發生故障的地點稍前或稍後，他都不可能飄降到嘉義，那他勢必要棄機跳傘；另外在最後進場時，如果最後帶那一桿的時間太早或太晚，飛機都可能摔在跑道頭，後果就不堪設想了。

但他畢竟憑著經驗，將這危險事件轉化為人機均安的結局，這其中有著太多的幸運。而人們都說「事不過三」，這已是他第二次經歷如此生死交關的狀況，兩次他都是在鬼門關前虛晃而過，下一次還能如此幸運的全身而退嗎？

見過死神的人

上一次與死神擦身而過的經歷，發生在半年前的一月五日，當時他還在聯隊督察室擔任考核官，那天的任務是替段富珍上尉做年度儀器飛行鑑定。

當天清晨六點半左右，天還沒有全亮，應嘉生就在作戰室替段富珍進行任務提示，整個任務其實就是儀器飛行考核，段富珍坐在雙座機的後座，將儀器飛行的罩子拉起，在看不到外界的情況下，完全依靠儀錶指示來飛行。而應嘉生則是坐在前座，在可以完全目視外界的狀況下，來考核段富珍的儀器飛行能力。

當天的任務機是編號4147的TF-104G，機齡超過二十年，累積的飛行時數也相當高，但機件情況很好，當時空軍的F-104飛行員幾乎全飛過那架飛機。

早上八點鐘整，那架4147號飛機在清泉崗的三十六號跑道上開始起飛滾行，那是當天清泉崗基地第一架起飛的飛機。

就在飛機離地的瞬間，儀錶板上的兩個火警燈同時亮起，應嘉生頭皮一陣痲，這是所有飛行員的最大夢魘，因為那時飛機的速度雖大，但是沒有高度，是個相當難處理的狀況。

「教官，火警燈亮！」後座的段富珍也在機內通話中告知應嘉生。這表示後座儀錶板上的火警燈也亮了，這是個真情況！

「我來飛！」應嘉生簡單回應，同時按照緊急程序，保持最大馬力爬高。爭取高度是那時最重要的步驟。

一面爬升，應嘉生一面由後視鏡中觀看飛機的後半段：沒有看到火焰，尾管的排煙也沒有特別的黑。這使他放心不少，因為這表示僅是溫度過高，並未著火。在飛機操作一切還正常的情況下，應嘉生將機頭迴轉，對著迫降航線的低關鍵點飛去，他要飛回去落地。

應嘉生直接按下通話按鈕（當時還在塔台頻道），通知塔台飛機火警燈亮，他要緊急返場。

「跳傘！跳傘！」在飛輔室當班的李天翼中校聽到了應嘉生所報出的狀況，立刻叫他們棄機跳傘。因為他知道情況嚴重，稍有差錯就可能人機俱毀，跳傘的話至少可以保住性命。

「飛機還可以控制，我要飛回去落地！」

李天翼中校聽了之後沒再說話。在飛機上的飛行員對整個狀況最清楚，他的決定才是最後的決定，任何其他人的意見全是僅供參考而已。

迫降航線的設計是讓飛機在一萬兩千呎通過跑道頭高關鍵點，向下轉到低關鍵點時，正好是三邊，高度五千呎，然後繼續向下轉到五邊剛好進場。

依照飛機熄火航線的規劃，飛機在通過低關鍵點時的速度該是在兩百六十浬以下。當天那架飛機在全推力之下，飛到低關鍵點時速度高達四百五十浬，超過速限太多，實在很難將飛機安全的落到跑道上。

四百五十浬的速度，等於每秒鐘前進兩百五十公尺，這種情況下應嘉生跟本沒有時間思考，完全憑著經驗及感覺在操縱飛機。他先將油門收到慢車位置，釋出減速板，再將機頭推下，以接近四十五度角的俯衝姿態對著跑道頭轉去。

這完全不是正常的操作程序，但當時的狀況也根本不是正常情況。飛機下降的速度很快，轉眼就已對正跑道，按照技令起落架必須在兩百六十浬以下才可釋放，然而飛機減速得很慢，接近跑道時速度還在三百浬左右。應嘉生必須冒著風險將起落架放出，於是他將起落架的手柄壓下。

以往在釋放起落架時，應嘉生都是先聽到液壓泵運轉的聲音，起落架才會放下鎖住，然後儀錶板上的起落架三個指示燈再轉為綠燈。但那天幾乎就在他按下起落架手柄後的同時，「匡噹」一聲，兩個主輪的指示燈立刻轉綠，這是因為在強大的風速下，兩個主輪很快就被風吹下鎖住，但鼻輪的指示燈始終沒有變綠，因為鼻輪是向前伸出，過大的風速超過液壓的力量，因此無法順利鎖住。

起落架所增加的阻力讓飛機稍微慢了一些，不過比正常的落地速度還是要大很多。應嘉生記得主輪輪胎的最大觸地速限是二百三十九浬，但是當他接近跑道時，空速錶的指示還是在二百六十浬。他決定要讓飛機儘早落地，於是在通過清除區後，將駕駛桿帶回，拉了一個漂亮的平飄，飛機很輕的落在跑道上，輪胎並沒有爆破。

應嘉生很想盡快切斷油路，避免火勢蔓延，但因為鼻輪尚未鎖妥，他仍需要液壓的壓力來鎖住鼻輪及釋放捕捉鉤，因此他壓抑住心中的焦迫感，看著飛機快速對著跑道的另一端衝去。

飛機通過跑道一半時，鼻輪的指示燈終於變綠，應嘉生趕緊將機頭放下，並將阻力傘拉出。阻力傘依舊難敵兩百浬的風速而被吹破。看著聚集在三號滑行道出口處的救火車及救護車群，他知道剩下的跑道僅有三千呎了，而飛機的時速仍然還在一百八十浬（大約三百三十公里）。

他踏著煞車的雙腳又用了些勁兒，似乎沒有多大幫助，他將捕捉鉤的按鈕按下，三千磅的液壓力量將捕捉鉤壓下，應嘉生坐在座艙裡都可以感覺到捕捉鉤在地面拖行磨擦的輕微震動。

就在跑道末端的 BAK-12 鋼纜剛在視野中由模糊變為清晰時，應嘉生就覺得捕捉鉤似乎已經鉤住鋼纜了。但飛機的速度實在太大，應嘉生下意識的覺得鋼纜會被拉斷，沒想到飛機在一陣顫抖之後，竟然停住了！那時他才想到，就在幾天之前他才親自督導基勤大隊將那條鋼纜換新！

飛機停了之後，應嘉生趕緊將座艙罩打開，由座艙中站起來向後看——沒有火焰，這使他放心不少，這表示不管是哪個部位過熱或著火，那個狀況已在發動機關車熄火之後解除。

就在應嘉生要由座艙中跳下飛機時，救火車已經衝到飛機旁，救火員把泡沫噴槍對準了飛機。應嘉生急忙對那些救火員揮手，阻止他們對著飛機噴泡沫，因為泡沫具有腐蝕性，加上發動機依舊是在炙熱狀態，驟然噴上冰冷的泡沫，也會對發動機造成相當大的損害。

後來經過調查，那架飛機的 J-79 發動機分氣系統接到邊界層控制（BLC, Boundary Layer Control）的高壓排氣導管（High Pressure Bleed Air）接頭脫落，高達四百多度的高溫氣體在飛機中段亂竄，燒融了大量電線的膠皮。調查人員說，再晚一分鐘落地，應嘉生就無法控制飛機了。他實在是非常幸運。

應嘉生（中）的兩個兒子也都成為飛行員。（圖／應嘉生提供）

應嘉生記得當時那位失事調查員對他說：「大難不死，必有後福！」

小小螺絲釘

必有後福？應嘉生回想到這裡不禁苦笑，僅僅半年之後，他就遇到了更驚險的狀況，這次整個發動機的內部葉片幾乎全被打爛。一指部的技術人員告訴他，原因出在有一顆在進氣導片上的螺絲脫落，之後被吸入發動機，由壓縮器的第一級一直打到第十七級。引擎的一千兩百七十一片壓縮葉片當中，共有九百二十七片被打爛。在這種情況下應嘉生竟還能將飛機飛回來落地，除了幸運，他靠的是多年來累積的經驗！

一指部的技術人員整夜加班，將另一具整修過的發動機安裝到 4593 號飛機上。第二天早上，應嘉生前去檢視飛機時，發現那架飛機已通過了地面試車測試，正等著他再度進行空中測試。

這次的試飛就非常順利，應嘉生完成了試飛清單上的每一個項目，將飛機飛回清泉崗基地，簽字將飛機移交給大隊，正式編入戰鬥行列。

當天中午，應嘉生接到當時的總司令陳燊齡將軍的電話。陳燊齡除了慰勉他在前一天的表現，還問了他一句：「怎麼今天還是你去試飛這架飛機？」

這句話，讓應嘉生感受到了真摯的關心——當時除了總司令之外，還沒有第二個人想到在經過那麼大的空中事故之後，飛行員的心理是需要時間來癒療的！

應嘉生並沒有被那兩次的空中意外事件所嚇到，他繼續在軍中服役到屆齡退休，退休時的飛行總時數達到三千三百餘小時。在他三十餘年的飛行生涯中，他一直堅信對飛機系統的瞭解及對技令的熟悉是處理任何飛行狀況的寶鑑。因此他不但將這概念教給隊上的隊員，更教給了他的兩個兒子——一位是幻象飛行員，另一位是F-16飛行員。

他們家兩代三人都曾在台灣海峽上空保衛國人！

---

1 F-16/79係將F-16戰機配置舊型J-79發動機，此型飛機是為外銷而特別設計，但是卻沒有任何國家購買，因此並未量產。

第13章

老蒙古的颱風天

薛興亞上尉

民國五十六年十月十六日，強烈颱風「解拉」已接近本島，當天晚上八點發佈了海上颱風警報。根據氣象局預測，颱風將於二十四小時後在恆春登陸。

颱風除了影響一般人的房舍，對停在地面的飛機有著更大的威脅，因為飛機之所以能飛，是靠著「風」吹過飛機機翼時所產生的升力，才能升空。平時飛機停在停機坪時，些微的微風吹過機翼，所產生的昇力不大，不至於影響飛機。但是當風速高達每秒六十公尺（等於時速一百零三英浬），吹過機翼時所產生的昇力，就很有可能將飛機吹翻！

為了防止這種意外狀況，通常飛機停在停機坪時都會用繩索固定在鎖機樁上，風較大的時候，就會把飛機停進修護棚廠。

而位在屏東空軍第六聯隊的空運機因為體積較大，基地內的修護棚廠容不下那麼多飛機，因此在颱風來的時候，就要疏散到不受颱風影響的基地。

出發躲颱風

十月十六日晚上發布海上颱風警報後，六聯隊聯隊長就下令次日上午所有妥善的飛機都必須飛往台中以北的各機場去避颱風。

當時六聯隊轄下有十大隊及二十大隊兩個大隊，除了一些因為故障或是其他原因無法飛行的飛機之外，大約有四、五十架飛機要飛往台灣北部的機場。因此聯隊作戰組在十七號上午就規劃出每個中隊飛機離場的時間。

當時六聯隊的主力機型是二次大戰時的C-46型運輸機，僅有二十大隊的二中隊及十大隊的一〇一中隊使用C-119空中車廂型運輸機（Flying Boxcar）。而C-119這型飛機因為較為新穎，速度較快，所以作戰組就安排這兩個中隊的飛機殿後，等其他中隊的飛機都離場之後，再於上午十點開始依序起飛。

二中隊是空軍第一個使用C-119的部隊。這種飛機是在民國四十七年八二三砲戰末期，美國為了加強我國空軍在戰時對金門運補的能力，臨時由美國駐東京三一五大隊二十一中隊抽調了十六架C-119運輸機，由日本東京直接飛到台灣交給我國，當時美軍本來計畫將我國空運部隊的所有C-46全部換成C-119。等八二三炮戰結束，海峽兩岸的情形不若砲戰期間般緊張，因此換裝C-119的計畫又慢了下來。

一直到八年之後的民國五十五年四月，美國空軍才又將一批美國國民兵部隊（Air National Guard）所使用的C-119，直接由美國本土飛送到屏東，交給我國空軍。這次空軍指定十大隊的一〇一中隊來接收這些飛機。在這批飛機換裝的過程中，六聯隊聯隊長烏鉞少將做了一個與前次二中隊換裝時不同的決定，就是讓一群官校四十五期剛到隊的年輕飛行員，直接到一〇一中隊來接受 C-119 的飛行訓練，而不是像二中隊換裝時，換裝的飛行員全是由當時空運部隊中挑出的資深人員。

民國五十六年十月十七日那天，一〇一中隊一共有七架 C-119 要飛往台中清泉崗空軍基地避風。中隊作戰室下令那七架飛機由上午十點整開始，以每三分鐘一架的間隔，依序起飛離場。

老蒙古上場

綽號「老蒙古」的薛興亞上尉是一〇一中隊的飛行員，他當天與剛完訓的楊毓俊中尉兩人駕 3130 號機，在中隊長陳其壽中校所駕的第一架飛機後面起飛。

薛興亞上尉被稱為「老蒙古」是有原因的，因為他除了有著蒙古遊獵民族的粗獷氣息之外，他還真是當時空軍飛行軍官中唯一的蒙古人。他的隊友都開他的玩笑：光復大陸之日，就是他擔任蒙古空軍總司令之時。

當天要離場的飛機很多，早餐後整個機場已被飛機發動機的噪音籠罩。薛興亞上尉在九點一刻左右，帶著自己的機組人員與陳其壽中校隊長的那一組人共乘一輛中型吉普前往停機坪。這時「解拉」颱風還在恆春南方四百餘公里處，但是中吉普開在空曠的滑行道上，還是可以感受陣風吹在吉普車上的威力。

薛興亞上尉看著跑道上正在起飛的C-46，只用了比平時短的跑道距離就起飛離地，因此知道風速已經很大。他轉身對著大家說：「今天要在雲裡面跳一陣子吉力巴了。」大家聽了都笑了，老蒙古教官在舞會裡的吉力巴舞姿是出了名的，他就是一位那麼帥的飛行員。

綽號「老蒙古」的薛興亞。（圖／薛興亞提供）

吉普車停在飛機旁，薛興亞上尉見到機務室的卡車已經停在飛機旁邊，正在將防颱所需的夾板、鋼繩及麻繩等裝備裝上飛機。副駕駛楊毓俊中尉下車之後，將飛機的放行條交給站在飛機旁的衛兵，再將自己的航行包放進駕駛艙，然後由前登機門處開始照著程序對飛機做起飛前的三百六十度目視檢查。其實機工長已經事先檢查過了，飛行軍官在起飛前再檢查一遍的原因，並非出自對機工長的不信任，而是養成一個良好的飛行習慣，對飛行安全多一層保障。

九點五十九分，隊長的飛機已經進入二十七號跑道準備起飛，薛興亞的這架飛機就停在四十五度邊預備進入跑道。這時風似乎更大了，飛機在風中不斷晃動，即使停在地面，薛興亞都可以感覺到機翼就要被風吹起的感覺，有一兩次他必須刻意地將駕駛盤扭動，才能將那即將被風吹起的機翼壓下。

這使他想起前幾年也是在夏季颱風季節的時候，有位美軍顧問竟然突發奇想的建議，與其讓飛機飛到其他基地去避颱風，不如讓飛行員在颱風期間坐在駕駛艙中，用手握住駕駛盤來控制飛機，不讓飛機被強風吹走。當時所有人聽了之後，都認為這是匪夷所思到極點的想法。如果可行，那美國空軍先做做看嘛。當時空軍一位聯隊的長官請美軍顧問在颱風期間與我國飛行員一同進入飛機駕駛艙，由那位顧問坐在正駕駛的座位上來示範，這才打消了那位顧問的「奇想」。

十點整，中隊長陳其壽中校編號 3136 的飛機鬆開煞車，開始在跑道上加速前進。薛興亞上尉的二號機隨即滑進跑道，他將飛機對準跑道的中心線，雙眼盯著前面正在跑道上的那架正在起飛的飛機。那架飛機就像先前的 C-46 一樣，只使用了很短的距離就騰空飛進了山雨欲來的南台灣天空。

看著隊長的飛機離地後，薛興亞看了看手錶，他必須再等兩分鐘後才能開始起飛滾行。兩架飛機間隔三分鐘起飛，其實是為了落地時的考量，因為雖然飛機可以在極短的間隔連續起飛，但落地時必須等前一架飛機脫離跑道之後，才能落地，而如果兩架飛機的間隔太近，那麼在第一架落地時，第二架飛機就必須在航線上盤旋等候，為了避免這種情況，於是就將起飛時的間隔拉大，這樣第二架飛機飛抵目的地時，才可以直接進場落地。

十點零三分，薛興亞將兩個油門的手柄推前，鬆開踏在煞車上的雙腳，兩具 R-3350 發動機所產生的兩千五百匹馬力，立刻以雷霆萬鈞之勢將 C-119 向前推動。楊毓俊中尉坐在右側的座位上，緊盯著儀錶板上的空速錶及發動機的儀錶，看到空速錶指針指到一百浬時，他將空速報出，於是正駕駛薛興亞拉回駕駛盤，帶起鼻輪建立仰角。飛機在這個姿態又前進了一百多呎之後，以一百一十浬的空速離地升空。

起飛後空速持續增加，等時速達到一百二十浬，楊毓俊中尉收上起落架及襟翼。少了這些阻力，飛機的空速就更快了，飛機以穩定的一百四十浬通過澄清湖上空，持續爬高。

正如薛興亞的預測，飛機在爬高期間異常顛簸。等飛機在五千呎高度改平時，還是晃動得相當厲害，兩位飛行員抓著駕駛盤的雙手一直不斷在轉動著，企圖讓飛機平穩的飛行。

飛機過了台南地區，氣流逐漸穩定，兩位飛行員這才鬆了口氣。楊毓俊將飛機的配平調好，讓飛機保持航向與高度，這樣還可減少一些手握駕駛盤的力道。薛興亞則放鬆了雙手，點上一根煙，想著再過半個小時就可以在清泉崗機場落地。而因為躲颱風的關係飛機在落地後就解除戰備，那麼就可以輕鬆的過個幾天了。

有問題的話，先敲一敲

飛機接近嘉義機場時，右發動機轉速錶的指示引起了薛興亞的注意。正常情況下

C-119在巡航馬力的時候，轉速錶都是在兩千轉左右，而那時左發動機的轉速卻開始上下擺動，擺動的差距大約是在六十到一百轉之間。雖然這是個不正常的情況，但是因為那架飛機由美軍交給我國時就已是飛行了十多年的老舊飛機，平時大毛病沒有，小毛病一堆，有時明知道是某個零件發生故障，但是卻沒有零件可以替換，因此只要不影響飛行安全的小毛病，大家也就沒那麼在意，湊合著使用。這是一個國家無法自製飛機的悲哀，同時也是一個無法改變的情況。

薛興亞用手指輕輕敲了敲轉速錶的玻璃鏡面，指針似乎停止了擺動，他盯著那個轉速錶看了一會兒，想確定指針擺動的狀況不再發生。就在他覺得一切都恢復正常時，指針又開始擺動，他又敲了敲那個轉速錶，不過這次沒有用，指針繼續上下擺動。

薛興亞查了一下當下的位置，發現清泉崗基地還在他北邊約五十海浬處，大約二十多分鐘可以到達。左發動機的轉速擺動雖然不正常，但是他覺得問題不大，因此決定繼續向前飛，等落地之後再將這不正常現象寫到七八一表上，讓維修人員去找出毛病。

飛機由嘉義機場左側通過後不久，飛機的右發動機聲音突然變成高頻，同時飛機很明顯地向右偏。楊毓俊下意識的扭頭向右看去，見到右發動機蒙皮上有著一層亮晶晶的液體，他立刻覺得頭皮一陣麻，很顯然的是螺旋槳的控制器漏油了！

螺旋槳的控制器是藉著液壓的力量，將螺旋槳控制在最有效的角度。一但控制器內的液壓油外漏，螺旋槳頓時進入最小的角度，這個角度會導致發動機轉速增加，但螺旋槳卻產生不了拉力，而且會產生阻力。

薛興亞當時也由右發動機的轉速錶上發現轉速正在不斷的上升。他雖然知道情況不妙，但還是很鎮定的對著楊毓俊說：「右發動機超速，順槳！通知嘉義我們要轉回去落地。」說完他立刻將右發動機順槳的電鈕按下，同時將該發動機混合氣的手柄拉回關斷，再將油門手柄也拉回，最後將右發動機的磁電機關掉。

做完這幾個動作，右發動機像嗆了水似的咳了幾聲，然後右螺旋槳就慢慢的停止了轉動。為了保持飛機的高度及速度，薛興亞也將左發動機的油門手柄向前推去，希望左發動機所增加的馬力可以彌補右發動機所失去的動力。

那時楊毓俊正用無線電呼叫嘉義塔台：「嘉義塔台，Delta Romeo（一〇一中隊的呼號）三么三洞（飛機機號），嘉義電台北邊四浬，右發動機故障，請求緊急落地。」

「Delta Romeo 三么三洞，嘉義塔台，本場天氣雲高七千呎，風向三么洞（風由三百一十度方向吹來），風速十浬，高度表定值二九七五，許可三十六跑道落地。」嘉義塔台很快就將本場落地資訊提供給楊毓俊中尉。

薛興亞上尉在耳機中也聽到了塔台的回應，他權衡當時的狀況，覺得飛機大概無法繞一大圈飛到三十六號跑道落地，於是他告訴楊毓俊，要直接用十八號跑道順風落地。

「嘉義塔台，Delta Romeo 三么三洞，請求十八號跑道直接落地。」

「Delta Romeo 三么三洞，嘉義塔台，風向三么洞，風速十浬，可以使用十八號跑道落地，落地時注意跑道頭的攔截網。」嘉義塔台在准許那架飛機順風落地的同時，再度提醒他們風向與風速及十八號跑道頭的攔截網。

飛機在一邊發動機關車後，為了避免在轉彎時失速，通常都是朝著好的發動機方向轉彎。那天薛興亞上尉在轉回嘉義機場緊急落地時就是將飛機向左轉去，然而就在向左轉的時候，左發動機竟然也開始超速！

進階到緊急情況

一個發動機故障是不正常情況，兩個發動機失效就是緊急情況了。

這時薛興亞上尉立刻將左發動機的順槳按鈕按下，在這關鍵時刻，他必須要保持飛機的速度，而隨風旋轉的螺旋槳會產生極大的阻力，因此他必須在第一時刻就處理它。

兩具發動機都關車之後，這架失去動力的運輸機頓時成了滑翔機，在自由落體的定律下，以驚人的下沉率對著地面下降。整個座艙中僅聽到風的聲音，真是安靜的可怕。

薛興亞上尉的經驗雖然比楊毓俊中尉多，但也是第一次遇到這種狀況，他知道身為機長，必須當機立斷，將飛機由即將墜毀的厄運中解救出來。而當時他必須做的第一件事就是保持飛機的速度，讓飛機可以繼續飄滑，於是他毫不猶豫地將駕駛盤向前推，讓飛機進入俯衝。

高度錶指針由五千呎、四千呎、三千呎快速的迴轉著，薛興亞控制著俯衝角度，讓空速保持在一百三十浬左右，那是一個可以操縱飛機的速度。

楊毓俊中尉想起剛在官校學習飛行時，教官就提醒過：「發動機故障時，立刻向四下尋找可供緊急落地的場地。」於是他向四下觀看，眼目所及之處只見房屋，他知道飛機不但不可以在那裡迫降，連摔都不能摔在那裡！他們必須竭盡所能將飛機帶開有房子的地帶。

「Delta Romeo 三么三洞，嘉義塔台，請報飛機狀況，目前位置。」兩位飛行員的耳機中傳來嘉義塔台的呼叫，但是兩人卻都無暇回應。

河邊的飛機

「教官！左邊有河灘！」就在楊毓俊中尉喊出這句話的當兒，薛興亞上尉也看到飛機左前方有一條河，於是他帶起機頭，將飛機對著那條不知名的河飛去。

此時高度已低於一千呎，抬起機頭之後，下降率減少了，但是空速錶指示卻也小了。當空速降到一百一十浬時，薛興亞下意識地鬆了些機頭，讓空速增加到一百二十浬左右，相當於兩百二十多公里。

在這個速度下，飛機很快就接近那條河，這時兩位飛行員同時發現飛機正前方的河流邊上有一道提防，飛機正對著那道提防飛去。

「楊毓俊，聽我的命令放襟翼！」薛興亞大聲對著楊毓俊說著，那是當天他唯一顯露出焦急心境的時候。因為如果飛機撞上提防，那麼坐在駕駛艙裡的幾個人將無一倖免！

楊毓俊中尉聽了之後，沒說什麼只是點了點頭，同時將左手放到襟翼的手柄上，兩眼直瞪著對著他們快速接近的那堵灰色堤防，腎上腺在全身竄流著。他知道薛興亞上尉在想什麼，但他也知道放襟翼的時刻非常重要，太早或太晚都無法達到預期的效果，正

與薛興亞一起迫降在北港溪的楊毓俊。（圖／楊毓俊提供）

確的時機是多年經驗的結晶，他完全相信薛興亞上尉的判斷！

坐在兩位飛行員後面的機工長及裝載長看著飛機直對著提防飛去，一路都沒說任何話的裝載長在覺得飛機就要撞上提防的時候，失聲的叫了一聲「啊！」同時閉上了眼睛，等待那致命的撞擊。

「放襟翼！」薛興亞很果斷地吼了一聲。

楊毓俊立刻將襟翼手柄放下，襟翼藉著儲壓器內的壓力，由機翼後緣向下伸出，空氣在經過這一段放下的襟翼後，科學家研究出來的空氣動力學再度得到認證，一股突來的昇力隨即將飛機往上推了幾十呎，讓飛機安全的通過了那道堤防。

飛機雖然躲過了堤防，然而因為襟翼放下而喪失的空速，卻使飛機像是打擺子似的開始發抖，這是即將失速的徵兆。於是薛興亞上尉趕緊將飛機駕駛桿向前推，飛機頓時以機首朝下的俯衝姿態，眼看即將撞在河灘的沙岸上。

面對著迎面撲來的河流沙岸，薛興亞上尉在飛機即將撞地之前將駕駛盤拉回，這個拉桿的時機在整個迫降的過程中極其關鍵。拉桿太晚飛機將以機頭撞地，瞬間的撞擊會造成飛機的重大損傷及機內人員的傷亡；拉桿太早必造成飛機失速，整架飛機六萬多磅的重量，由四、五十呎的空中落下，飛機機身及機內人員也會受到相當程度的傷害。而適時地將駕駛桿拉回會讓飛機以機腹落地，將向下的力量轉成向前的向量，這樣才會將傷害減到最少。

當天這架 C-119 就在薛興亞上尉的操縱下，在撞地之前，機首抬高以機腹著地，當時的撞擊力雖然強大，但是經過一陣顛簸之後，終於在河灘上停住了。

飛機停住之後，楊毓俊中尉鬆了一口大氣，這真是個難得的經驗，他轉頭看了薛興亞上尉一眼，並對著他說：「教官，好險啊！」

「小伙子，幹的不錯！我們運氣好，這裡剛好有條河，要不然還真有麻煩哪。」薛興亞上尉笑著對著他說。

機工長及裝載長兩人這時打開機門，到機外去檢視飛機受損的情形。他們發現除了有兩片螺旋槳葉稍微彎曲之外，另外就是機腹在沙灘上摩擦時所受的外傷。整體來說，飛機只是輕傷而已。

在駕駛艙裡，兩位飛行員循著檢查表將所有該關掉的系統及開關都關了之後，才走出飛機，看了看自己所迫降的地點，都不敢相信他們竟能將飛機落在那麼窄小的河灘。

大家來看飛機

飛機在河灘迫降的消息很快在當地傳開，許多民眾都跑來看熱鬧，將飛機團團圍住。由群眾的口中，飛機上人員知道原來他們位於嘉義北港溪。看熱鬧的人群中有位白髮長者對機員說：「媽祖保佑你們平安降落，你們該去朝天宮感謝媽祖的護佑。」

當地警察也隨著大批民眾抵達現場，薛興亞上尉於是請求警察維持秩序，禁止群眾接近飛機。

就在那時，天空傳來了「噗、噗」的聲音，楊毓俊中尉抬頭看見一架救護中隊的H-19直昇機正對著他們飛來。原來嘉義塔台在知道飛機發生故障，並預備在當地落地後，就無法再與這架C-119取得聯絡，於是立刻派出救護中隊的直昇機前去搜索。結果直昇機在北港鎮東南方一公里半左右的北港溪沙灘上看到了迫降在那裡的飛機。

直昇機的飛行員將迫降的地點回報，同時要求立刻派出警衛部隊，因為在空中他們就看到整個河灘上已經擠滿了看熱鬧的人了。

救護隊的直昇機在現場上空盤旋了一圈，落在C-119的旁邊，機上的醫護士第一個跳下直昇機，對著迫降的飛機跑去。當他看到飛機上所有的組員都安全無恙時，更是對機長薛興亞上尉的技術讚譽有加。

下得去，如何上來

飛機安全迫降一事落幕之後，如何處理困在那裡的飛機，就成了六聯隊的大問題。當時長官們最早的想法是將飛機分解拆開，用卡車運回屏東。但六聯隊的修補大隊到失事現場檢視飛機之後發現，飛機其實所受的損害並不大，同時飛機迫降的那段河灘直線部分也有三千多英呎長，如果將兩具發動機及螺旋槳更換，將那段河灘剷平，鋪上戰備跑道鋼板，再將飛機後艙不需要的東西全部拆除，只裝載最少的油量來減輕飛機的重量，同時使用短場起飛的技巧，那架飛機其實是可以「飛」出去的。

聯隊的長官們聽到這一個變通的辦法後，又派出鮑先達中校及黃德成少校兩位C-119的試飛官到現場去實地觀察，他們在河灘上仔細的測量及考量附近的環境之後，也認為在理論上那是個行得通的路徑。

得到了修護及飛行兩個單位的認同，聯隊部於是下令修補大隊就在河灘的迫降現場更換飛機的兩具發動機及螺旋槳，再安排工兵部隊將那段河灘剷平，鋪上戰備跑道鋼板。

幾天後，飛機完成修復，同時一條戰備跑道也在北港溪的河灘上完工。

於是在那年十月底的一天，鮑先達中校及黃德成少校兩人，在北港溪上的戰備跑道上將編號 3130 的 C-119 發動機啟動。河堤兩岸擠滿了看熱鬧的人群，看到飛機的螺旋槳在巨大的發動機啟動聲中開始轉動後，人群更加興奮。鮑先達及黃德成兩人在座艙中將煞車踏緊，緩緩地推上油門手柄，發動機的轉速逐漸升高，飛機在發動機的吼聲中開始顫抖。兩人仔細檢查發動機及飛機各個系統，確定所有系統都運轉正常，他們必須在兩千五百呎之內讓飛機起飛升空，而且只有一次機會——在起飛時發生任何狀況的後果都是不可想像。

試過大車，覺得一切都沒問題之後，鮑先達中校對著站在戰備跑道旁邊的機務人員作出 OK 的手勢，然後將煞車鬆開，飛機頓時開始前衝。輕盈的機身加速非常快，飛機在通過兩千五百呎的標誌之前，就已凌空。

地面觀看的人群們爆出一連串的歡呼聲，「媽祖保佑！媽祖保佑！」

物換星移，半個世紀的時光很快的過去了。C-119 在中華民國空軍服役了近四十年之後於一九九七年除役，薛興亞及楊毓俊兩位飛行官也都在盡了他們對國家的義務之後，解甲歸田。二〇一九年當筆者到北港鎮，想去憑弔當年飛機迫降的現場時，當地竟然找不到一位知道這件事情的人，而我僅能站在堤防上看著那彎曲的北港溪及灰濛的天空，想著五十餘年前在那裡所發生的事情，更想到了歷史是需要人來記載的……

國家圖書館出版品預行編目資料

我們必須去：駕駛艙視角的飛行故事/王立楨著. -- 初版. -- 臺北市：遠流出版事業股份有限公司, 2021.02
面； 公分
譯自：THE CHOSEN AND THE FEW: Epic Stories of Heroism and Sacrifice Told by the Republic of China's Air Force Pilots.

ISBN 978-957-32-8927-2(平裝)

1.飛行員 2.傳記

783.32 109019844

我們必須去：駕駛艙視角的飛行故事

THE CHOSEN AND THE FEW: Epic Stories of Heroism and Sacrifice Told by the Republic of China's Air Force Pilots.

作　　者 王立楨
行銷企畫 劉妍伶
執行編輯 陳希林
封面設計 李東記
內文構成 6宅貓

發 行 人 王榮文
出版發行 遠流出版事業股份有限公司
地　　址 臺北市南昌路2段81號6樓
客服電話 02-2392-6899
傳　　真 02-2392-6658
郵　　撥 0189456-1
著作權顧問 蕭雄淋律師
2021年03月01日 初版一刷
定價 新台幣350元（如有缺頁或破損，請寄回更換）

ISBN 978-957-32-8927-2
遠流博識網 http://www.ylib.com
E-mail: ylib@ylib.com